Meinen Eltern.
Danke für alles, was ihr mir mitgegeben habt.

Inhalt

Vorwort

„Da ist der kleine grüne Frosch!" – Dieser Satz versetzte mich von einem Moment auf den anderen in eine neue Dimension von Leben. Ausgesprochen hat ihn der Arzt, der unserer Tochter per Kaiserschnitt ans Licht der Welt verhalf. Wenige Sekunden später legte mein Mann unser Baby ganz nah an mein Gesicht. Als unsere Nasen sich berührten, hörte unsere Tochter auf zu weinen, und wir sahen uns in die Augen. In diesem Moment begann ich zu ahnen, dass Elternsein größer und bewegender ist, als ich es mir vorgestellt hatte. Niemand zuvor hat so tief mein Herz berührt wie die zwei Geschöpfe, die Gott meinem Mann und mir als Kinder anvertraut hat. Noch nichts hat mich so existenziell gefordert wie das Muttersein, so rund um die Uhr und so ausgeprägt alle Seiten meiner Persönlichkeit beanspruchend.

Unzählige gewechselte Windeln, unterbrochene Nächte, getrocknete Tränen und beantwortete Warum-Fragen später ist diese Faszination oft vom Alltag verschüttet. Aber sie bricht sich immer wieder Bahn. Wenn ich sehe, wie diese kleinen Menschen sich spielerisch und energisch ihre Welt erobern, wenn mich das Baby nach dem Mittagsschlaf anstrahlt und mir seine Arme entgegenstreckt, wenn ich ein zierliches Mädchen auf dem Schoß habe, um es zu trösten, wenn mir eine Kinderstimme ins Ohr flüstert: „Mama, ich hab dich lieb!" – dann fühle ich: Welches Wunder steckt im Wachsen und Werden eines jungen Menschen! Und welche Wertschätzung des Schöpfers für uns, dass wir daran beteiligt sein dürfen! Elternsein ist ein unvergleichlich kostbarer Auftrag, den Gott uns anvertraut. Wenn wir uns das immer wieder ins Bewusstsein rufen, dann wachsen daraus Mut und Kraft und Durchhaltevermögen. Und die haben wir nötig. Denn Kinder ins Leben zu begleiten ist ein Abenteuer, das seinen Namen verdient. Ich stecke mittendrin, während ich dieses Buch schreibe. Und ich möchte Sie ermutigen, dieses atemberaubende und Atem raubende Abenteuer im Vertrauen auf Gott zu wagen und zu gestalten.

Bevor es ab Kapitel 4 um die praktische Umsetzung im Familienalltag geht, möchte ich Sie mit den ersten drei Kapiteln einladen, über die Zusammenhänge zwischen Charakter, emotionaler Entwicklung und Erziehung nachzudenken.

Ab Kapitel 11 möchte ich Ihnen als Eltern Mut machen, selbst charakterlich zu wachsen, weil Sie am allermeisten das an Ihre Kinder weitergeben, was Sie selbst sind.

Ich wünsche Ihnen, dass dieses Buch für Sie zu einer Entdeckungsreise wird, auf der Sie hier und da Ihren Alltag mit Kindern neu wahrnehmen und inspirierende Impulse aufstöbern, die die Charakterentwicklung Ihrer ganzen Familie bereichern.

1 Wer gut leben will, muss fühlen

Seit Tagen regnete es Bindfäden. Aber unsere Kanutour war gebucht, und das Freizeitheim musste an die nächste Gruppe abgetreten werden. Also verstauten wir unsere Siebensachen in wasserfesten Säcken und uns selbst in Regenkleidung. Unmotiviert paddelten wir los, in eine regengraue See – dreizehn Jugendliche und vier Betreuer. Keiner von uns hatte auch nur annähernd Lust, das Wasser auch noch von unten zu haben. Konzentriert aufs Vorwärtskommen bemerkten wir zuerst gar nicht, dass es aufgehört hatte zu regnen. Da rissen die Wolken auf und die Abendsonne tauchte uns in warmes Licht. Wir legten auf einer einsamen Insel an, bauten unsere Zelte auf und kochten ein Essen am Lagerfeuer. Dann genossen wir die knisternde Gemütlichkeit, bis wir spät am Abend glücklich und müde in unsere Schlafsäcke krochen.

Eine faszinierende Woche in einem herrlichen Seengebiet Südschwedens begann. Sanft begleitet vom Plätschern der Paddel glitten wir durch eine wunderschöne Wildnis. Die Gemächlichkeit war Erholung pur. Der gemeinsame Weg durch die Einsamkeit schweißte uns als Gemeinschaft zusammen. Fanden wir bei Sonnenschein einen schönen Badeplatz, sprangen wir in die Fluten. Abends trieb uns nicht nur der Hunger ans Lagerfeuer. Früh auf dem Weg zur Morgenwäsche im See kitzelte das taufeuchte Gras unsere Zehen. Der über dem Feuer gekochte Kaffee roch verführerischer als der beste Espresso. Wir lachten über Toiletten-Komfort der Marke Klappspaten. Wir freuten uns wie Schneekönige über den einzigen Tante-Emma-Laden auf unserer Route – endlich mal wieder Schokolade. Wir sammelten eimerweise Pfifferlinge und räucherten den selbst geangelten Hecht über unserem Lagerfeuer. Wir staunten über den leuchtenden Ball der Abendsonne, die ihr Untergehen im skandinavischen Sommer ergreifend zelebriert.

Mehr als sofortiger Lustgewinn

All diese wunderbaren Momente hätten wir überhaupt nicht genießen können ohne einen entscheidenden Teilbereich unserer Persönlichkeit: unsere Emotionen. Die erlebten Glücksgefühle gaben uns Kraft für Anstrengungen und Schwierigkeiten. Hätten wir uns aber von unserer momentanen Lust dirigieren lassen, wäre aus der Erlebnisreise samt ihren Glücksmomenten nichts geworden. Wir wären schon wegen des Regens gar nicht erst gestartet. Wir hätten uns abholen lassen, als wir die Boote mehrmals mühsam durch den Wald schleppen und schieben mussten. Wir hätten uns vom Gegenwind zurücktreiben lassen, hätten wegen Erschöpfung aufgegeben. Ganz zu schweigen von den Unmengen Feuerholz, die im Wald liegen geblieben wären. Nicht zuletzt hätten die Konflikte untereinander unser Unterwegssein lahmgelegt, wenn wir nicht Klärung und Versöhnung gesucht hätten. Weil wir es geschafft haben, durchzuhalten und uns nicht von unserem punktuellen Empfinden steuern zu lassen, haben wir etwas erreicht, das viel größer und nachhaltig zufriedenstellender war als sofortiger Lustgewinn in jedem Augenblick.

Nichts auf der Welt, das wirklich wertvoll ist, ist ohne Einsatz zu erreichen.

Nichts auf der Welt, das wirklich wertvoll ist, ist ohne Einsatz zu erreichen. Der Lohn für diese Anstrengung ist ein intensiveres und bewussteres Leben, eine Tiefendimension von Glück, die mit Sinn und Erfüllung zu tun hat. Erfahren und spüren können wir diese Tiefendimension durch unsere Gefühlswelt.

Unverzichtbar für Lebensqualität

Unser Leben wäre arm und leer ohne Emotionen! Liebe, Freude, Begeisterung, Staunen, Glücksgefühle machen unser Dasein lebenswert. Auch solche Gefühle, die wir uns normalerweise nicht wünschen – Wut, Angst, Enttäuschung, Traurigkeit –, sind unverzichtbar für Lebensqualität. Wenn ich wütend werde, ist das ein Signal dafür, dass jemand meine Grenzen überschritten hat. Gesunde Angst macht mich auf Gefahr aufmerksam und fordert mich auf, etwas dagegen zu unternehmen. Enttäuschungen sind das Ende einer Täuschung und fordern mich heraus, meine Wahrnehmung der Realität anzupassen und Verlorenes zu betrauern.

Gefühle helfen uns, in Berührung mit uns selbst zu sein, Beziehungen zu anderen zu bauen, ein erfülltes Leben zu gestalten und seelisch gesund zu bleiben.

Gefühle helfen uns, in Berührung mit uns selbst zu sein, Beziehungen zu anderen zu bauen, ein erfülltes Leben zu gestalten und seelisch gesund zu bleiben. Allerdings nicht automatisch und nicht, indem wir uns jeder beliebigen Stimmungslage willenlos ausliefern.

Gute „Diener", aber schlechte „Herren"

Silvia ist intelligent, hat ein selbstsicheres Auftreten und erlebt viel Bewunderung im Bekanntenkreis. Als Kind wurde sie von ihren Eltern abgöttisch geliebt. Sie hätten ihrer kleinen Prinzessin am liebsten alle Steine aus dem Weg geräumt. Mit zunehmendem Alter fand sie immer mehr Möglichkeiten, sich vor den „Steinen" auf ihrem Weg zu drücken. In der weiterführenden Schule machte sie immer seltener Hausaufgaben. Stattdessen war sie stundenlang mit Körperpflege, Kosmetik und Verabredungen beschäftigt. Das Minimum, das für die Schule getan werden musste, ließ sich auf krummen Wegen besorgen. Spickzettel und Stielaugen bei Klassenarbeiten perfektionierte sie. Manche Klausuren ließen sich auch mit Krankheiten umgehen. Sie konnte so glaubhaft Schmerzen simulieren, dass sie einmal tatsächlich mit Verdacht auf Magenschleimhautentzündung ins Krankenhaus eingeliefert wurde, obwohl sie sich eigentlich nur vor der letzten und schwierigsten Mathe-arbeit im Schuljahr drücken wollte. Mit gerade mal 20 Jahren heiratete sie einen gutmütigen, ihr willenlos ergebenen Mann und bekam bald das erste Kind. Es dauerte nicht lange, da fühlte sie sich von ihrer Mut-terrolle eingeengt. Sie fing an, abends häufig auszugehen. Aus flüchtigen Flirts entwickelten sich Affären. Sie begann, sich beruflich selbstständig zu machen. Als auch das sie nicht zufriedener machte, verließ sie ihren Mann und ihr Kind, um sich Hals über Kopf in die Beziehung mit ei-ner Disco-Bekanntschaft zu stürzen. Beruflich saß sie mittlerweile in der Schuldenfalle.

Silvia hat eine starke Ausstrahlung, sie kann andere Menschen leicht für sich einnehmen. Auf den ersten Blick könnte es so aussehen, als sei sie emotional kompetent. In Wirklichkeit ist sie ihren instabilen Ge-fühlslagen hilflos ausgeliefert. Sie gestaltet ihr Leben nicht, sondern lässt sich treiben und scheitert deshalb auf verschiedenen Ebenen. Obwohl sie offensichtlich intelligent ist und gut aussieht, obwohl sie sich materi-ell viele Wünsche erfüllt hat, obwohl sie einen Partner gefunden und ein Kind bekommen hat, steht sie vor dem Scherbenhaufen ihres Lebens. Im Herzen ist sie einsam, verletzt und völlig beziehungsunfähig.

Der Schlüssel zum Glück

An diesem drastischen Beispiel wird deutlich: Es reicht nicht, Ge-fühle zu haben und bei anderen Menschen starke Gefühle auslösen zu können. Wer sich seinen Gefühlen ganz und gar überlässt und sich nur von seinen aktuellen Empfindungen steuern lässt, ist gerade *nicht* emotional kompetent. Er ist nicht frei, um die Chancen und Möglichkeiten seines Lebens auszuschöpfen. Und was noch viel tra-gischer ist: Er ist nicht fähig zu liebevollen Beziehungen. Wer andere mit seinen Emotionen manipuliert, anstatt ihnen wertschätzend von Mensch zu Mensch zu begegnen, erleidet beziehungsmäßig früher oder später Schiffbruch und bleibt verletzt und einsam zurück.

Ein junger Erwachsener kann von seinen Eltern eine hervorragen-de finanzielle Starthilfe bekommen haben. Aber wenn er das Geld nach Lust und Laune ausgibt, dann kann es sein, dass er am Ende finanziell viel schlechter dasteht als jemand, der mit weniger Geld gestartet ist, aber sein Leben emotional kompetenter lebt. Für eine gelingende Ehe ist nicht am wichtigsten, wie stark die verliebten Gefühle am Anfang der Beziehung waren. Viel entscheidender ist, ob jemand das wachsende Glück zu schätzen weiß, einen anderen glücklich zu machen. Überlebensnotwendig für eine Ehe ist, ob die Partner fähig sind, die Alltagsfrustrationen einer Beziehung zu bewältigen. Ob sie persönlich und gemeinsam weiter wachsen und lernen können und ob sie in der Lage sind, die kleinen Macken des anderen auszuhalten, weil das große Ganze – die Beziehung, die Liebe – viel wichtiger ist als kleine „Störelemente". Selbst bei schweren Verlusten und Schicksalsschlägen lässt sich nicht an der Schwere des Leides ablesen, ob jemand an seinen Problemen zerbricht oder durch die schreckliche Erfahrung hindurch zu neuem Lebenssinn findet. Wer es schafft, schmerzhafte Einbrüche ins Leben angemessen zu betrauern, wer es schafft, sich trotz Verlustschmerzen wieder auf Beziehungen einzulassen, der kann letzten Endes glücklicher sein als jemand, der nie einen vergleichbaren Verlust erleben musste, aber diese emotionalen Fähigkeiten nicht besitzt.

Wir müssen unsere Kinder zu „Gefühlsexperten" machen – zu Menschen, die wissen, wie sie die Kraft der Emotionen für sich gewinnbringend nutzen können.

Emotionale Kompetenz, die Fähigkeit, mit Gefühlen angemessen umzugehen, ist unverzichtbar und entscheidend für einen reifen Charakter, für Glück und Zufriedenheit. Deshalb gehört es zu den entscheidenden Fähigkeiten, die wir unseren Kindern mitgeben können, dass wir sie zu „Gefühlsexperten" machen, zu Menschen, die wissen, wie sie die Kraft der Emotionen für sich gewinnbringend nutzen und lenken können.

2 Man erzieht nur mit dem Herzen gut

Eines meiner Hobbys ist Stricken. Bei komplizierten Mustern, die ich nach Anleitung arbeite, dauert es eine Weile, bis ich „durchgestiegen" bin. Aber dann läuft es wie von selbst, weil sich die Abläufe ständig wiederholen.

Manchmal wünschte ich mir, Erziehung wäre so planbar: Ich lese ein paar gute Bücher, erkundige mich und besuche noch ein Seminar – und dann läuft alles rund. Aber so wird das Leben mit Kindern nie sein. Familie ist wirkliches, pulsierendes Leben. Und Leben ist Begegnung und Beziehung und Emotion und Unvorhersehbarkeit.

Erziehung ist Beziehung

Erziehung ist keine Technik, die wir erlernen können wie den Stoff für eine Abschlussprüfung. Es gibt keinen „Gordischen-Knoten-Trick", der Familienleben spannungsfrei, Kinder zu Musterschülern und Eltern zu einem Ausbund an Gelassenheit werden lässt. Erziehung ist ein Geschehen von Mensch zu Mensch, von Herz zu Herz. Erziehung ist zutiefst und zuallererst *Beziehung* zwischen Eltern und Kindern. Wir stecken miteinander in einem spannenden Prozess, der von verschiedenen Seiten beeinflusst und belebt wird. Wir als Eltern stehen ganz und gar nicht außen vor. Im besten Falle sind wir am Ende der Kindheit unserer Kinder reifere Menschen als zuvor.

Auch Eltern sind herausgefordert, zu wachsen

Nach der ersten Verliebtheitsphase begann für meinen Mann und mich in unserer Ehe eine Zeit, in der wir gesundes Konfliktverhalten lernen mussten. Das ging nicht theoretisch, sondern nur durch Konflikte hindurch. Manches entwickelte sich unkompliziert durch Übung. Anderes haben wir auf die harte Tour gelernt, indem wir

uns in einer Sackgasse wiederfanden und auch mal Scherben aufzu-
kehren hatten. Wir mussten trainieren, einander um Vergebung zu
bitten und wirklich zu vergeben. Wir mussten lernen, einander zu
respektieren und zu ergänzen, anstatt uns gegenseitig vereinnahmen
zu wollen. Wir haben uns Hilfe geholt, als unsere selbst versuchte
Problemlösung sich nur noch im Kreis drehte wie eine Schraube mit
kaputtem Gewinde.

Mit der Zeit fanden wir eine gute Art für unseren persönlichen und gemeinsamen Entwicklungsweg. Mit diesen Erfahrungen im Rücken
sind wir getrost ins Elternsein gestartet. Und
dann wurde dieser alltägliche Lernprozess um
eine neue Dimension erweitert. Wir haben erfahren, wie gut es tut, einander einschätzen und
sich aufeinander verlassen zu können.

> *Erziehung ist keine „Dressur" von Kindern zu „funktionstüchtigen" Mitgliedern unserer Gesellschaft, sondern eine Lebensschule für alle Beteiligten.*

Wir haben aber auch neue Herausforderungen erlebt – bis hin zum Gefühl von Überforde-
rung. Noch kein Mensch hat mich so an meine Grenze gebracht wie
mein eigenes Kind. Ich habe Situationen erlebt, die mich im Rück-
blick verstehen lassen, warum meine Eltern in meiner Kindheit gelegentlich „ausgerastet" sind. Ich bin gefordert wie nie zuvor, Geduld
und Durchhaltevermögen, Frustrationstoleranz und Uneigennützig-
keit, Gelassenheit und Konsequenz, Wahrheit und Klarheit zu leben.
Das macht es erforderlich, dass *ich selbst* reife. Erziehung ist keine
„Dressur" von Kindern zu „funktionstüchtigen" Mitgliedern unserer
Gesellschaft, sondern eine Lebensschule für *alle* Beteiligten. Je mehr
die Eltern sich auf diese Herausforderung, auch ihre eigene Persönlichkeit weiterzuentwickeln, einlassen, desto besser für die Kinder.

Charakter „vererben"

Haben Sie schon mal darüber nachgedacht, was Charakter eigentlich
bedeutet? Was macht einen starken Charakter aus? Wann denken Sie
über einen Menschen: „Der hat wirklich Charakter!"?

Von der Herkunft des Wortes bedeutet Charakter „das Eingeprägte". Zunächst ist damit die Individualität eines Menschen gemeint, seine angeborene Einzigartigkeit. Die wird tatsächlich vererbt, muss aber auch wertgeschätzt und unterstützt werden, damit sie aufblühen kann. Das ist eine Aufgabe von Erziehung.

Darüber hinaus bezeichnet Charakter auch eine feste innere Haltung, die der Persönlichkeit überhaupt erst Stabilität gibt.

Diese Charakterfestigkeit wird nicht über die Gene weitergegeben. Sie wächst am Charakter der Personen, zu denen Kinder die intensivste Beziehung haben. Das, was die Eltern mit ganzem Herzen sind, prägt sich ins Leben der Kinder ein, ob die Eltern wollen oder nicht. Deshalb wird Charakter in gewissem Sinne „vererbt".

> *Charakterfest ist jemand, in dessen Wesen sich unerschütterlich eingeprägt hat, was er für gut und wichtig hält, und der an diesen Prioritäten sein Leben ausrichtet.*

Charakterfest ist jemand, in dessen Wesen sich unerschütterlich eingeprägt hat, was er für gut und wichtig hält, und der an diesen Prioritäten sein Leben ausrichtet – auch wenn es hart auf hart kommt.

Menschen mit einem starken Charakter gestalten ihr Leben und lassen sich nicht von den Umständen treiben. Sie stellen sich den Herausforderungen und kommen mit Schwierigkeiten zurecht. Sie sind innerlich starke Menschen, unabhängig von der Zustimmung anderer und wissen um den Wert von Beziehungen. Sie achten andere Menschen und sind fähig, Liebe und Treue zu leben, anstatt nur von einem romantischen Ideal von Beziehung zu träumen. Das alles erfordert einen reifen Umgang mit den eigenen Gefühlen. Emotionale Kompetenz ist daher ein unverzichtbarer Bestandteil von Charakterentwicklung.

Emotionale Kompetenz ganz praktisch

Seit einigen Wochen ist Stefan, wenn er aus der Schule kommt, ungenießbar. Er meckert am Essen herum, weigert sich, seine Hausaufgaben zu machen, und kommt nur unter größtem Protest seinen häuslichen Pflichten nach. Auf mehrmaliges Nachfragen seiner Mutter reagiert er mit Antworten wie: „Du nervst!" – „Mir schmeckt das Essen nicht!" – „Ich hab keinen Bock!"

Die Mutter empfindet: Das kann nicht der Kern des Problems sein. Aber sie muss die Spannung längere Zeit aushalten, ohne etwas daran ändern zu können. Immer wieder signalisiert sie Stefan, dass sie zu ihm hält. Sie setzt seinem Verhalten Grenzen, wo es inakzeptabel ist. Mehrmals ist sie aber auch der Verzweiflung nah, weil keine Lösung der Situation in Sicht ist. Eines Tages während einer längeren Autofahrt sprudeln die Sorgen aus Stefan heraus. Er fühlt sich von seinem neuen Englischlehrer stark unter Druck gesetzt. Mündlich war er noch nie gut, aber jetzt stottert er nur noch, wenn er aufgerufen wird. Weil die Klausuren auch nicht besser ausgefallen sind, bekommt er wohl eine Fünf im Zeugnis. Damit ist seine Versetzung gefährdet. Nun ist es heraus und Stefan kann gemeinsam mit seiner Mutter nach Lösungen für das Schulproblem suchen. Seine miese Laune an den Nachmittagen bessert sich spürbar.

Emotionale Kompetenz beinhaltet, dass ein Mensch Gefühle wahrnimmt – seine eigenen und die seiner Mitmenschen. Das ist gar nicht so selbstverständlich, wie es klingt. Denn ursprüngliche Gefühle „verstecken" sich oft hinter vordergründigen Empfindungen. Ein Kind verhält sich widerspenstig und ist in Wirklichkeit ängstlich. Ein Familienmitglied zieht sich „eingeschnappt" zurück und ist in Wirklichkeit wütend. Ein anderer ist leicht reizbar und in Wirklichkeit schafft er es nicht, eine frustrierende Erfahrung zu betrauern. Die Reaktion auf ein verkanntes Gefühl beschwört oft einen Konflikt herauf, in dem sich beide Seiten unverstanden und verletzt fühlen und der zu keiner Lösung führt, weil das falsche „Thema" bearbeitet wird.

Wenn Stefans Mutter auf die Widerspenstigkeit ihres Sohnes mit Druck reagiert hätte, hätte sich ein Machtkampf entwickelt. Stefan wäre noch mehr entmutigt worden und vermutlich noch mehr in destruktive Verhaltensweisen abgerutscht. An der Mutter hätte vermutlich ein Gefühl der Unfähigkeit genagt. Dass Stefan es schließlich geschafft hat, seine Sorgen mitzuteilen, liegt auch daran, dass er sich von seiner Mutter geliebt und respektiert fühlt und dass sie ihn darin begrenzt hat, seine schlechte Laune an anderen auszulassen. Die Haltung der Mutter hilft ihm, sich selbst ernst zu nehmen und schließlich doch seine Ängste in Worte zu kleiden.

Meine Gefühle – deine Gefühle

Ihren Sohn trotz seines verletzenden Verhaltens zu respektieren, das gelingt seiner Mutter nur, wenn sie sich in ihrer eigenen Gefühlswelt gut auskennt und gut damit umgehen kann. Eine Mutter, die in einer solchen Situation ihr Selbstwertgefühl am Wohlverhalten ihres Sohnes festmacht, verwickelt ihre eigenen Gefühle mit seinen. Das würde eine Lösung wesentlich erschweren. Stefans Mutter schafft es, Stefans Gefühle „bei ihm zu lassen". Sie muss sich nicht verteidigen. Sie kann warten, bis ihr Sohn die Tür zu seinem Herzen von innen öffnet.

Nachdem Stefan erzählt hat, was ihn bedrückt, kann er sein wirkliches Gefühl erkennen und benennen: seine Angst. Sie macht auf eine reale Gefahr aufmerksam, die Gefährdung der Versetzung. Dann kann das tatsächliche Problem angegangen werden: Stefan und seine Mutter können gemeinsam nach Wegen suchen, das Verhältnis zum Englischlehrer zu verbessern und die Versetzung zu retten. So übernimmt Stefan, unterstützt durch seine Mutter, Verantwortung für sein Gefühl und rückt dem Auslöser zu Leibe. Die Angst hat ihren Sinn erfüllt. Mutter und Sohn bekämpfen sich nicht (mehr) gegenseitig, sondern sie bekämpfen gemeinsam das Problem. Das lässt Vertrauen wachsen und tut ihrer Beziehung gut. Stefan trainiert an dieser Situation, auch mit schwierigen Sachlagen emotional kompetenter umzugehen – eine wichtige Erfahrung für seine Charakterentwicklung.

Kluge Gefühle fallen nicht vom Himmel

Emotionale Kompetenz fällt nicht vom Himmel und niemandem in den Schoß. Sie wird erworben in einem lebenslangen Wachstumsprozess.

Ein wesentlicher Bereich in diesem Wachstumsprozess ist die Selbstannahme. Nur wer sich selbst annimmt, wer sich selbst schätzen lernt und ein gesundes Selbstwertgefühl entwickelt, kann auch lernen, seine Gefühle ernst zu nehmen – auch die unerwünschten. Wer zutiefst weiß: „Ich bin nicht weniger wert, wenn ich unerwünschte Gefühle habe", der kann sich diese eingestehen.

Emotionale Reife schließt ein, die eigenen Gefühle zu bejahen – und zwar die wünschenswerten und erfreulichen ebenso wie die unerwünschten, etwa Trauer, Zorn, Wut, Ohnmacht.

Ein Mensch, der dabei stehen bleibt, seine wahren Gefühle abzulehnen, lehnt ein Stück seiner selbst ab und blockiert damit Lebenskräfte. Ein wichtiger emotionaler Lernschritt ist es darum, die eigenen Gefühle zu akzeptieren. Erst dann ist ein Mensch fähig, auch auf ihre Botschaft zu hören.

Ein weiterer Lernbereich betrifft die Gefühle der anderen. Auch sie muss ich stehen lassen können. Der andere darf wütend sein, er darf Angst haben vor etwas, das mir gar keine Angst macht. Das heißt aber nicht, dass ich mir die Gefühle des anderen in die Schuhe schiebe oder mich von hemmungslos ausagierten Emotionen verletzen lasse. Zur Akzeptanz gehört auch eine gesunde Abgrenzung, etwa in der Haltung: „Ich kann verstehen, dass du wütend bist. Aber ich fühle mich verletzt, wenn du so mit mir redest." Diese Grundhaltung entspannt das Miteinander. Sie hilft, zu den eigenen Gefühlen zu stehen und die Gefühle des anderen stehen zu lassen.

Wenn ich meine Gefühle angenommen habe, kann ich für sie Verantwortung übernehmen. Auch wenn der andere mich gereizt hat – es ist *meine* Wut. Ein anderer Mensch an meiner Stelle hätte andere Gefühle. Die Auslöser kommen von außen, aber das Gefühl entsteht in mir. Es liegt in meiner Verantwortung, wie ich mich verhalte. Wenn ich aufgrund meiner Gefühle andere verletze, ist es an mir, um Vergebung zu bitten. Und es liegt in meiner Verantwortung, dass ich es lerne, Gefühle so auszudrücken, dass meine Integrität und die Integrität der anderen geachtet werden. Das bedeutet z. B., dass ich in einem Konflikt nicht versuche, den anderen mit Worten zu treffen, weil ich mich verletzt fühle, sondern dass ich formuliere: „Das hat mich getroffen und mir wehgetan." So ein ehrlicher Satz kann Türen öffnen dazu, dass beide Beteiligten hinhören, dass Missverständnisse geklärt werden können und am Ende vielleicht sogar eine Bitte um Verzeihung steht. Wer also Verantwortung für seine Gefühle übernimmt, bringt sie so ins Gespräch, dass etwas Fruchtbares daraus entstehen kann. So können veränderbare Dinge bearbeitet und unabänderliche betrauert werden.

Solange Stefan seine Angst nicht angemessen ausdrücken konnte, hat sein Verhalten die Beziehung zu seiner Mutter belastet und ihm selbst geschadet. Als es ihm gelang, seine Angst in Worte zu kleiden, konnte sie ihren Sinn erfüllen. Stefans Mutter war nun nicht mehr die „Bekämpfte", sondern eine Verbündete, und beide gemeinsam konnten aktiv werden im Kampf gegen die Angst auslösende Situation. Das ist ein Weg, auf dem emotionale Kompetenz wächst und die Fähigkeit erworben wird, mit der eigenen Gefühlswelt und mit der der Mitmenschen auf gute Art umzugehen.

Emotionale Kompetenz:
Emotional kompetent ist ein Mensch, der aktiv in einem Wachstumsprozess steckt, in dem er lernt
- sich selbst anzunehmen und seine Mitmenschen zu respektieren;
- seine Gefühle und die seiner Mitmenschen wahrzunehmen, zu verstehen und zu akzeptieren;
- für die eigenen Gefühle Verantwortung zu übernehmen und sie angemessen auszudrücken;
- sich im Miteinander in gesundem Maße einzulassen und abzugrenzen – und Gefühle so zu kommunizieren, dass sie ihren Sinn erfüllen.

3 Erziehung für ein Potpourri an Möglichkeiten

„Soll ich mein Kind im nächstgelegenen Kindergarten anmelden, damit die Freunde in der Nachbarschaft wohnen? Oder wird es in der integrativen Kindertagesstätte mit Montessori-Konzept in der nächsten Stadt besser gefördert?" – „Wie viel ‚Nein' verträgt und braucht ein Kind, um sich geliebt zu fühlen und trotzdem kein Tyrann zu werden?" – „Braucht mein Kind gezielte Förderung durch Ergotherapie oder einfach mehr Freizeit und Bewegungsspielräume?" – „Soll ich meine Tochter mit professioneller Nachhilfe unterstützen, damit sie das Gymnasium schafft, oder soll ich sie zu einem Beruf ohne Studium ermutigen?"

Wir sind die Elterngeneration, die sich so viele Fragen stellt wie keine zuvor. Unsere Großeltern haben keine Erziehungsbücher gelesen. Sie haben die Grundlinien erzieherischen Handelns von der Generation vor ihnen übernommen. Das hat größtenteils funktioniert, aber nicht immer. Und es würde heute nicht mehr funktionieren, weil unsere Welt eine völlig andere ist als die Welt unserer Großeltern.

Die Qual der Wahl

Noch zwei Generationen vor uns war das Leben zu einem großen Teil vorgezeichnet: Schule, Ausbildung, Arbeiten bis zur Rente. Der Sohn eines Landwirts wurde Landwirt, der Sohn eines Schlossers Schlosser. Die Kinder des Lehrers und des Pfarrers gingen zum Gymnasium. Das war einengend. Nicht wenige haben unter diesen starren Vorgaben gelitten. Aber sie bedeuteten auch Halt. Mit der Abschaffung fester Familientraditionen ging auch ein großes Stück Geborgenheit verloren.

Die Generation unserer Kinder steht vor einem bunten Potpourri an Möglichkeiten: Einen Beruf lernen oder studieren? Heiraten und

Kinder kriegen oder nur eines oder keines von beidem? Berufliche Karriere oder Familienzeit? Berufstätigkeit für beide und Kinder? Diese Vielfalt birgt auch Gefahren. Wer viele Möglichkeiten und keine festen Vorgaben hat, kann eine Menge erreichen, aber auch vielfältig scheitern. Je freier eine Gesellschaft ist, desto größer ist die Verantwortung des Einzelnen. Die voll flexible Gesellschaft zwingt junge Menschen geradezu, ihr Leben aktiv in die Hand zu nehmen. Experten sprechen davon, dass wir heute unsere Biografie selbst „basteln" müssen – und das ohne Vorlage. Jeder Einzelne muss unzählige Entscheidungen treffen und umsetzen. Und dabei sind äußere Fakten nur selten ausschlaggebende Hilfen zur Entscheidungsfindung. Um glücklich zu sein, muss ich wissen, welche Werte mir wichtig sind, was „zu mir passt", was gegeben sein muss, damit ich emotional ausgeglichen sein kann. Es braucht eine umfassende Persönlichkeitsbildung, die einen starken Charakter hervorbringt.

Kreativität als Lebenshaltung

Vor Jahren verbrachten wir einen Urlaub auf Kreta außerhalb der Saison. Im Reiseführer fanden wir einen Insider-Tipp: eine Wanderroute von der Küste in die Berge zu einem malerischen abgelegenen Dorf. Es führte kein richtiger Weg hin, zeitweise fanden wir einen Pfad, dann stapften wir querfeldein, zweimal musste ein Gebirgsbach überwunden werden. Mehr als einmal waren wir uns nicht sicher, ob wir überhaupt noch in die richtige Richtung gingen. Wenn die Beschreibung aus dem Reiseführer nicht half, nahmen wir den Sonnenstand und unser Bauchgefühl zu Hilfe. Und schließlich kamen wir an. Und hatten unterwegs herrliche Ausblicke, die Natur und die Frühlingssonne genossen.

Das Leben unserer Kinder ist so eine unvorhersehbare abenteuerliche Reise, die nie gekannte Situationen und immer wieder neue Turbulenzen produziert. Diesen Bedingungen werden sie nur dann gewachsen sein, wenn sie ihr Leben nicht einfach „passieren" lassen, sondern es kreativ gestalten. Das Wort Kreativität stammt vom lateinischen *Creator*, es bedeutet Schöpfer. Gott der Schöpfer hat uns Menschen dazu geschaffen, dass auch wir schöpferisch tätig werden. Wir sollen nicht einfach irgendwie in der Welt überleben, sondern sie mitgestalten. Gestaltungskraft ist deshalb nicht nur etwas für Künstler, sondern jeder in unserer westlichen Welt braucht sie für seine individuelle „Bastelbiografie", für ein erfülltes Leben.

Kreativität wecken: Eine Problemlösung, die ein Kind selbst gefunden hat, ist wertvoller als eine noch viel perfektere Lösung, die ein Erwachsener vorgekaut hat.

Wir als Eltern haben die Aufgabe, in unseren Kindern Kreativität als Lebenshaltung zu wecken. Das heißt ganz praktisch: Eine Problemlösung, die ein Kind selbst gefunden hat, ist wertvoller als eine noch viel perfektere Lösung, die ein Erwachsener vorgekaut hat. Es kommt im Familienleben nicht in erster Linie darauf an, dass Kinder „wie geschmiert" funktionieren, sondern darauf, dass sie ihre Persönlichkeit und Gestaltungskraft entfalten.

Rückgrat und Durchhaltevermögen

Kreativität allein reicht nicht aus. Wer tolle Ideen hat, braucht auch das Durchhaltevermögen, sie auszuführen. In einer Welt, in der großer Anpassungsdruck an die Mehrheitsmeinung herrscht, brauchen Menschen durchdachte Standpunkte, Werte und Prioritäten und das Rückgrat, diese unter Umständen auch gegen den Strom in die Tat umzusetzen. Die sogenannte Trotzphase und die stürmische Ablösung der Kinder in der Pubertät sind für Eltern anstrengend. Aber wenn Kinder nur lernen würden, sich zu fügen, stünden sie später den Widerständen des Lebens unvorbereitet gegenüber.

In diesen Auseinandersetzungen üben sie, sich durchzusetzen, und machen andererseits die Erfahrung, dass ihnen eine feste Persönlichkeit gegenübersteht, die nicht alles mit sich machen lässt. Manches wäre im Moment einfacher, wenn Eltern einfach jedem Wunsch ihrer Kinder nachgäben – kein Nörgeln, kein trauriges Kindergesicht, kein Quengeln und keine Zornausbrüche. Manchmal würden wir unsere Kinder lieber wie eine Glucke unter die Flügel stecken und vor der „bösen Welt" abschirmen. Aber die wesentliche Frage für Erziehungsentscheidungen ist: Was beeinflusst den Charakter unserer Kinder so, dass sie in der Welt, in der sie nun mal leben, zurechtkommen? Was hilft ihnen, dass sie ihr Leben verantwortlich und liebevoll gestalten und die Umstände prägen, anstatt sich von ihnen unterkriegen zu lassen?

„Der echte Test für ein Erziehungsmodell kommt mit der Frage, wie gut es die Kinder dafür ausrüstet, als aktive Teilnehmer in die Welt der Erwachsenen einzutreten. (…) Wir brauchen Kinder, die man an die feindseligsten Universitäten schicken kann, die in den gnadenlosesten Arbeitsumfeldern klarkommen und die ihre Familien in den hedonistischsten Gegenden großziehen können, ohne sich im Geringsten von ihrer Umgebung einschüchtern zu lassen."[1]

Ich-Stärke und Beziehungsfähigkeit

„Gott, ich danke dir dafür, dass du mich so wunderbar und einzigartig gemacht hast!" (Psalm 139,14a). Im Sinne dieses Gebets soll ein Kind lernen, seine Einzigartigkeit zu entdecken, zu schätzen und zu entfalten. Es soll Selbstachtung haben. Es soll eigene Standpunkte und Werte entwickeln, vertreten und durchhalten können. Ein starkes Ich ist ein wichtiges Erziehungsziel. Falsch verstandene Ich-Stärke dagegen führt zu einem Ego-Trip, der letzten Endes den Charakter verkümmern lässt.

> Udo hatte immer gute Noten in der Schule, tat sich mit dem Lernen leicht und war bei seinen Lehrern beliebt. In Diskussionen konnte er sich durchsetzen, seine Standpunkte offensiv vertreten. Aber immer wenn es darum ging, sich für andere einzusetzen, hatte er eine Ausrede parat. Er übernahm weder die Leitung einer Arbeitsgruppe, noch engagierte er sich für ein Schulfest oder eine Klassenfahrt. Ihn interessierte nur das, was seinem Vorwärtskommen diente. Später hatte er es trotz eines hervorragenden Studienabschlusses schwer, im Berufsleben Fuß zu fassen. Und er schaffte es nicht, eine langfristig glückliche Paarbeziehung aufzubauen.

Wer in einer unübersichtlich gewordenen Welt bestehen will, braucht ein starkes soziales Netz. Er braucht Menschen, auf die er sich verlassen kann und für die er verlässlich ist. Nicht von ungefähr hat Gott uns Menschen als Gemeinschaftswesen geschaffen. „Es ist nicht gut, dass der Mensch allein lebt" (1. Mose 2,18).

In Umfragen äußert ein großer Teil der Jugendlichen als hohe Priorität die Sehnsucht nach einer lebenslangen liebevollen Partnerschaft. Aber die Scheidungszahlen belegen, dass feste Familienstrukturen immer häufiger zerbrechen. Eine gute Ehe, gute Familienbeziehungen und krisenfeste Freundschaften fallen niemandem in den

Bei Jugendlichen an oberer Stelle der Lebenswunschliste: eine lebenslange liebevolle Beziehung.

Schoß. Wer in einem festen Unterstützungsnetz mit anderen leben will, muss fähig sein, Beziehungen aufzubauen und sie in schwierigen Zeiten aufrechtzuerhalten. Diese Beziehungen wiederum bilden einen Raum, in dem der charakterliche Reifungsprozess weitergeht.

Ein Mensch mit einem festen Charakter hat Selbstvertrauen und kann deswegen auch anderen vertrauen. Er hat Achtung vor sich und Respekt vor anderen. Wer tief im Herzen weiß, dass er in Gottes Augen wertvoll und geliebt ist, kann auch andere wertschätzen. In der Liebe Gottes zu jedem Einzelnen wurzelt beides: Eigenständigkeit verbunden mit der Unabhängigkeit vom Urteil anderer Menschen und die Fähigkeit, andere respektvoll zu behandeln und zu lieben.

Diese beiden Seiten eines starken Charakters sind das Ziel für Erziehung: Ich-Stärke verbunden mit Beziehungsfähigkeit.

- Unsere Kinder sollen ausgeprägte Persönlichkeiten werden – und in dem Bewusstsein leben, dass menschenwürdiges Leben auf einem Miteinander aufbaut.
- Sie sollen sich verbindlich in eine Gemeinschaft einbringen können – aber nicht von der Zustimmung anderer abhängig sein.
- Sie sollen in guter Weise mit Autoritäten umgehen, d. h. sich unterordnen können – und je älter sie werden, desto differenzierter prüfen, wem sie wann widersprechen, um sich selbst und ihren Werten treu zu bleiben.

- Nicht zuletzt sollen sie für sich selbst – und für andere Verantwortung übernehmen können und wollen.

Dann werden sie in einer „Potpourri-Welt" nicht untergehen, sondern Akzente setzen. Die Frage ist nur: Wie muss eine Erziehung aussehen, die Kinder bei dieser Charakterentwicklung unterstützt? Damit bin ich beim Thema Autorität.

TEIL 2: AUTORITÄT IM SINNE DES ERFINDERS

„Ich möchte aber nicht inhalieren! Das ist so langweilig!", mault meine Tochter und stampft zornig mit dem Fuß auf. „Darüber diskutiere ich nicht mit dir. Wir beide wollen, dass du gesund wirst, und das Inhalieren hilft dir dabei. Hier, ich habe schon alles vorbereitet, du kannst gleich anfangen."

Solche Szenen, in denen Eltern gelassen und fest ihren Kindern klare Verhaltensrichtlinien aufzeigen müssen, gibt es im Familienalltag zuhauf. Nicht immer ist so eindeutig, was das Beste für das Kind ist: selbst bestimmen dürfen oder sich nach dem Willen der Eltern richten. Heutige Eltern stehen aufgrund des relativen Wohlstands und der vielen Möglichkeiten vielleicht mehr als frühere Generationen (die eher ins gegenteilige Extrem zu verfallen drohten) in der Gefahr, Kinder zu viel entscheiden zu lassen und sie wie kleine Erwachsene zu behandeln. Das entlarvt der Kinderpsychiater und Bestsellerautor Michael Winterhoff (*Warum unsere Kinder zu Tyrannen werden*) als eine wesentliche Ursache für misslungene Erziehung: Wo Kinder nicht wie Kinder, sondern wie ebenbürtige Partner behandelt werden, nimmt ihre Persönlichkeitsentwicklung Schaden.

Der Grundsatz „Erziehung ist Beziehung" bedeutet nicht, dass Eltern ihren Kindern Freunde auf Augenhöhe sein sollen. Erwachsene geben ihren Kindern dann den besten Halt für ihre Charakterentwicklung, wenn sie sich als Autorität im besten Sinne in die Eltern-Kind-Beziehung einbringen.

Eine Autorität ist eine maßgebliche Persönlichkeit, jemand, der ein *Maß gibt*, eine Richtschnur. „Augere", der lateinische Ursprung des Wortes, bedeutet: wachsen machen, mehren, fördern. Jemand, der Autorität ausübt, ist also eine Person, die den ihr anvertrauten Menschen fördert und ihm zum Wachstum helfen will.

Das entspricht auch den biblischen Vorstellungen über die Rolle von Eltern und Kindern: Kinder sollen sich ihren Eltern „unterordnen" (man könnte auch sagen: „sich an ihnen orientieren"). Und

Eltern sollen ihre Kinder nicht unterdrücken, sondern sie achten, lieben und im wahrsten Sinne des Wortes „zurechtweisen" – ihnen den rechten Weg weisen. Ein anspruchsvolles Ziel?!

Wie kann das gelingen?

Zuwendung und Beschützt-Werden – das ist das Element, in dem Kinder von Geburt an gedeihen können. Damit fängt jede gute Autorität an: Überschütten Sie Ihre Kinder mit Liebe. Auch wenn das Bedürfnis, umarmt und getragen zu werden, mit den Jahren abnimmt, bleiben Geborgenheit und der Schutz vor Gefahren Grundvoraussetzungen für eine gesunde Entwicklung.

Ich möchte Ihnen drei Grunddisziplinen von Autorität vorstellen, die Eltern beherrschen sollten und die immer wieder neu austariert werden müssen.[2] Es sind die Aspekte der behütenden, der begleitenden und der befähigenden Autorität.

Autorität im Sinne des Erfinders

Behütende Autorität

Balance von

Geborgenheit   Loslassen

Begleitende Autorität

Balance von

Entfaltung   Begrenzung

Befähigende Autorität

Balance von

Herausforderung   Nachsicht

4 Behütende Autorität – Balance von Geborgenheit und Loslassen

Würden Sie Ihr Krabbelkind in der Schublade mit den Küchenmessern spielen lassen? Den 2-jährigen Klettermaxe allein auf den Balkon lassen? Ihre 3-jährige Tochter ungebremst auf die Gefahren des Straßenverkehrs treffen lassen? Würden Sie Ihr Kindergartenkind selbst entscheiden lassen, wie viele Süßigkeiten es isst, ob es Gemüse und Obst zu sich nimmt oder wann es Zeit ist, ins Bett zu gehen?

Kinder sind keine kleinen Erwachsenen. Sie dürfen Kinder sein. Darum brauchen sie eine von Erwachsenen „vorsortierte" Welt. Sie brauchen Behütung und Geborgenheit.

Das ist an manchen Punkten einfach und selbstverständlich. An anderen erfordert es Mut zur Autorität. Wenn die Nachbarskinder länger fernsehen oder mehr naschen dürfen, kann es einige Machtkämpfe bedeuten, wenn Eltern selbstbewusst ihre eigenen Richtlinien dafür festsetzen, wie viel Fernseh- und Süßigkeiten-Konsum sie für gut halten. Nebenbei sind sie damit ihren Kindern ein Vorbild dafür, sich nicht unreflektiert der Mehrheitsmeinung anzupassen.

Kinder sind keine kleinen Erwachsenen. Sie dürfen Kinder sein. Darum brauchen sie eine von Erwachsenen „vorsortierte" Welt.

Behütung ist allerdings nur eine Seite der Medaille. Kinder brauchen ebenso das Loslassen. Sie „in Watte zu packen" macht sie nicht lebensfähig. „Nichts raubt Kindern so gründlich das Selbstvertrauen wie ständig besorgte Eltern", warnt der Familientherapeut Jesper Juul.[3]

Wie kann dieses „Loslassen" aussehen?

1. Den Entscheidungsspielraum Ihres Kindes erweitern

Treffen Sie immer nur die Entscheidungen für Ihr Kind, die es noch nicht selbst zu seinem Wohl treffen kann. Helfen Sie ihm ansonsten dabei, eigenständig zu werden. In altersgemäßen Freiräumen, die einem Kind zugestanden werden, steckt die Ermutigung: „Du wirst groß, du kannst das jetzt selbst. Ich traue dir etwas zu."

„Willst du mit mir zu Oma fahren oder heute deine Freundin besuchen?" Solche Fragen können Sie auch schon mit einem Vorschulkind besprechen. Man kann Kindern beim Tischdecken mal freie Hand lassen – auch wenn das Ergebnis kreativ ist. Man kann sie aus einer begrenzten Anzahl Anziehsachen selbst auswählen lassen: „Willst du lieber die oder die Hose anziehen?" Nehmen Sie Ihr Kind in dem, was es ausgewählt hat, ernst. So lernt es, zu seinen Entscheidungen zu stehen.

> Vor einiger Zeit stand ich mit meiner 5-jährigen Tochter in einer Warteschlange. Sie war hungrig. Also steckte ich ihr einen Euro zu und ließ sie allein zur gegenüberliegenden Bäckertheke gehen. Von Weitem sah ich, wie die Verkäuferin ihr verschiedene Sachen zeigte, schließlich wanderte ein Rosinenbrötchen über die Theke und meine Tochter kam stolz und glücklich mit dem Restgeld zurück.

2. Den Bewegungsspielraum Ihres Kindes erweitern

Manche Freiräume erkämpfen Kinder sich selbst.

> Der 2-jährige Jannis besteht darauf, noch allein im Garten unten zu spielen. Seine Mutter will erst nicht zustimmen, spürt aber, dass ihm dieser Ablösungsschritt wichtig ist. Also macht sie das Hoftor zu, nimmt ihm das Versprechen ab, auf jeden Fall im Garten zu bleiben, und geht mit klopfendem Herzen in den zweiten Stock, um das Mittagessen vorzubereiten. Alle eineinhalb Minuten sprintet sie kurz auf den Balkon, um einen Blick in den Garten zu werfen. Die Eierkuchen werden schwarz, ihre Nerven sind gespannt, aber ihr Söhnchen kommt „gefühlte zehn Zentimeter gewachsen" mit glücklich-stolzem Gesicht zum Mittagessen.

Das Loslassen fällt den Müttern oft schwerer als den Kindern. Moderne Technik kann da regelrecht zu einer Versuchung werden. Wenn Schulkinder über Handy geortet und so quasi rund um die Uhr überwacht werden können, mag das ängstlichen Elternherzen guttun. Aber der Seele eines Kindes schadet es, permanent kontrolliert zu werden.

Kinder brauchen Freiräume, in denen sie sich nicht von Erwachsenen beobachtet fühlen. Hier können sie Selbstbestimmung auskosten und Verantwortung trainieren, sie können sich als vertrauenswürdig erweisen, um beim nächsten Mal noch ein Stück mehr an Verantwortung zugetraut zu bekommen. Wenn es sich irgendwie organisieren lässt, dass Kinder ihren Schulweg allein per Fuß, Fahrrad oder Schulbus bewältigen, kann das so ein Freiraum sein und ist für die Selbstständigkeit und das Selbstbewusstsein von Kindern förderlicher als das tägliche „Eltern-Taxi".

In altersgerechten Freiräumen können Kinder Selbstbestimmung auskosten und Verantwortung trainieren.

In meiner eigenen Kindheit streunte ich mit Geschwistern und Freunden stundenlang draußen herum. So wie wir heute wohnen, kann ich das meiner Tochter nicht im selben Maß erlauben. Eine Familie, die in einem überschaubaren Umfeld im Grünen wohnt, kann andere Regelungen treffen als eine Familie in der Großstadt. Es gibt kein Idealmaß für alle.

Aber wichtig ist in jedem Fall: Finden Sie eine gute Balance zwischen notwendiger Behütung und notwendigem Freiraum – so, wie es dem Alter Ihrer Kinder angemessen ist.

3. Widerstand bieten, an dem Kinder wachsen können

Allerdings finden Kinder es manchmal auch bequem, sich behüten und bedienen zu lassen. Dann brauchen sie, wenn der nächste Schritt zur Selbstständigkeit dran ist, Eltern, die ihrer Bequemlichkeit Widerstand entgegensetzen – so wie bei einem Adlerjungen, das einen „Stups aus dem Nest" braucht, um fliegen zu lernen.

Ella (2) brauchte so einen „Stups", um sich den Schnuller abzugewöhnen. Ihre Eltern kündigten ihr an, dass sie ab kommenden Montag keinen Schnuller mehr tagsüber brauche. Am angekündigten Tag kam das Ding in einen Schrank und wurde nur abends zum Einschlafen herausgeholt. Das Prozedere wiederholten die Eltern einige Wochen später mit der endgültigen Schnullerabgabe. Ihre Mama gestaltete mit Ella einen bunten Umschlag, um den geliebten Gegenstand an die „Schnullerfee" zu schicken. (Als Antwort von der „Fee" war am Nachmittag ein kleines Geschenk im Briefkasten.) Am ersten Abend, als der Schnuller weg war, weinte Ella. Aber nachdem Mama eine Viertelstunde mit ihr gekuschelt hatte, konnte sie auch ohne Schnuller einschlafen. Am nächsten Morgen war sie sichtlich stolz auf sich und nach wenigen Tagen vermisste sie den Schnuller gar nicht mehr.

Manche Kinder sind ganz versessen darauf, sich endlich selbst anzuziehen und selbst die Zähne zu putzen. Andere brauchen auch hier einen „Stups". Da kann man positive Verstärkung anbieten: „Wenn du rechtzeitig mit Zähneputzen und Umziehen fertig bist, lese ich dir noch eine zweite Gute-Nacht-Geschichte vor." Je jünger die Kinder sind, desto lieber helfen sie im Haushalt mit. Mit dem Wachstum ihrer Fähigkeit, eine echte Hilfe zu sein, lässt erfahrungsgemäß ihre Freude zur Mithilfe nach. Hier kann der „Stups" so aussehen, dass man sich als Familie zusammensetzt, darüber spricht, warum es wichtig ist, die Haushaltspflichten zu teilen, und dann konkrete Absprachen trifft. Bewährt hat sich, wenn die Kinder mit entscheiden, welche Konsequenzen eintreten, falls jemand seinen Pflichten nicht nachkommt.

Wenn der liebevoll-konsequent „Gestupste" im ersten Moment auch protestiert – der gelungene Schritt in die Selbstständigkeit wird ihm ein gestärktes Selbstbewusstsein bescheren.

Natürlich gibt es beim Loslassen auch Risiken. Was, wenn mein Kind mit dem neuen Maß an Freiheit oder Herausforderung nicht zurechtkommt?

Dann braucht Ihr Kind Eltern, die es auffangen und ihm schon mit der Reaktion auf das Scheitern Mut machen zum nächsten Versuch. Das ist die beste „Startrampe" für Entwicklungsschritte. So lernen Kinder, nicht aufzugeben und „nicht gelungen" als *„noch* nicht gelungen" zu bewerten.

Theo will heute zum ersten Mal allein zum Bäcker am Ende der Straße gehen. Er hat das Portemonnaie und den Einkaufszettel eingesteckt. Mutig zieht er los, aber zwei Hausecken weiter klopft ihm so sehr das Herz, dass er mit der leeren Tasche zurückrennt. Seine Mutter ist erstaunt, weil das Ganze Theos Idee war. Aber sie umarmt ihren Sohn erst mal und tröstet ihn: „Das macht nichts. Du wirst sehen, beim nächsten Mal klappt es schon besser. Und jetzt gehen wir zusammen zum Bäcker." Wenn Theo sich bis dahin wieder gefangen hat, kann sie vor dem Laden stehen bleiben, während Theo allein hineingeht und einkauft. Beim nächsten Mal reicht es vielleicht schon, wenn die Mutter die Hälfte des Weges mitgeht und dort wartet, bis ihr Sohn zurückkommt. So trainiert Theo Stück für Stück, bis er sich den ganzen Weg alleine zutraut.

4. Sich selbst kennen

Um eine gute Balance von behütender und freilassender Autorität zu finden, müssen Eltern sich selbst durchschauen:

Neige ich eher zur Überbehütung?

Oder bürde ich meinem Kind eher zu viel und zu früh Verantwortung auf und lasse es zu wenig Kind sein?

Nehmen Sie sich einen Moment Zeit und schätzen Sie sich selbst ein. Wo ist Ihre Position auf dem folgenden Diagramm?

0-----1-----2-----3-----4-----5-----6-----7-----8-----9-----10
Behüten   Loslassen

Haben Sie sich erkannt? Dann können Sie bewusst gegensteuern. Lassen Sie sich gegebenenfalls von Ihrem Partner ergänzen und unterstützen.

Wenn Sie zu Überbehütung neigen, hat das natürlich seinen Grund – und das sind meistens Ängste. Schauen Sie Ihrer Angst ins Gesicht. Denn Ängste – seien sie auch noch so „begründet", weil z.B. ein schreckliches Verbrechen an einem Kind gerade durch die Medien geistert – sind keine gute Entscheidungs- und Handlungsgrundlage.

Eltern-Ängste müssen Sie als Mutter oder Vater bei sich selbst bearbeiten. Nur so können Sie mit einem freien Blick die Gefahren für Kinder realistisch einschätzen. Dabei hilft es, sich klarzumachen: Auch beim vernünftigsten Umgang mit Gefahren bleibt ein Restrisiko. So ist das Leben. Je mehr wir uns damit versöhnen können, desto besser gelingt ein gutes Maß an Loslassen.

Als Christin bin ich sehr froh, dass ich mein Kind im Gebet Gott anvertrauen kann und es so nicht ins Leere hinein, sondern in Gottes Hand loslasse. Das ist keine Lebensversicherung gegen Schwierigkeiten. Aber es gibt mir und meinem Kind einen Halt, den kein Mensch geben kann.

5 Begleitende Autorität –
Balance von Entfaltung und Begrenzung

Ich mag den Frühling. Ich finde es faszinierend, bei herrlichem Mai-wetter Tomatensetzlinge unter das Regenschutzdach zu setzen. Es ist eine wahre Freude, mitzuerleben, wie diese Pflänzchen kräftig wer-den, sich ausbreiten, Zweige und Blätter und schließlich unzählige grüne Tomaten treiben. Am Ende „wissen" die sogar, dass sie rot werden müssen, um lecker und gesund zu sein.

Pflanzen wachsen von selbst – man braucht sie nicht aus dem Boden zu ziehen

Kinder haben eine Gemeinsamkeit mit Tomatenpflanzen: Sie sind auf Wachstum angelegt. Ihr Schöpfer hat es in ihnen angelegt, dass sie sich entwickeln und entfalten und wachsen. Das zu beobachten berührt mich immer wieder, es löst so etwas wie Demut, fast schon Ehrfurcht in mir aus.

Ist Ihnen schon aufgefallen, dass alle kleinen Kinder gern lernen und diese Freude meist erst später im Lauf ihrer Schulkarriere getrübt wird? So vieles entwickelt sich bei Kindern einfach von selbst und wir als Erziehende sollten in erster Linie Bestauner der uns anvertrauten Menschen sein. Wir dürfen Entdecker und Entwicklungshelfer für die sich immer mehr ausprägende Persönlichkeit von Kindern sein. Das formulierte die große Pädagogin Maria Montessori als Leitsatz für ihr Erziehungsmodell: „Die Aufgabe der Umgebung ist es nicht, das Kind zu formen, sondern ihm zu erlauben, sich zu offenbaren."

Ganz praktisch bedeutet das: Jedes Kind braucht Raum und Ge-lassenheit, um sein eigenes Wachstumstempo leben zu können. Seien Sie wachsam dafür, ob Sie dazu neigen, Ihre Kinder in eigene Vorstel-lungen zu pressen. Vergleichen Sie sie möglichst wenig mit anderen. Lassen Sie Ihren Kindern die Zeit, die ihnen guttut, für ihren einzig-artigen Weg.

„Müssen wir heute wieder spielen, was wir wollen?" – Grenzen geben Halt und Orientierung

Das Vertrauen in die Selbstentfaltungskraft des Kindes ist die eine Seite der Medaille. Die andere ist: So wie Tomatenpflanzen am besten wachsen, wenn sie an einem Stab befestigt sind, brauchen auch Kinder Begrenzung und Halt durch ihre erwachsenen Bezugspersonen, um keine unausstehlichen Tyrannen zu werden. Kinder, die alles allein bestimmen dürften, wären hoffnungslos überfordert.

> Es ist kalt – kurz vor dem Gefrierpunkt. Meine 4-jährige Tochter spielt auf dem Bahnsteig an einer Pfütze, die noch nicht zugefroren ist. Ich mache einen Versuch, sie davon abzubringen, indem ich darauf hinweise, dass es mit nassen Handschuhen auf dem Weihnachtsmarkt nachher ziemlich kalt werden könnte.
>
> Vergeblich. Sie spielt weiter, riskiert immer größere Nähe zum eisigen Wasser und meine mütterliche Voraussicht sieht sie schon mit nasser Hose nachher auf dem Weihnachtsmarkt zittern. Dabei wünsche ich ihr einen fröhlichen Weihnachtsmarktbesuch, den sie auch genießen kann.
>
> Also raffe ich mich innerlich auf, die Sache durchzuziehen. Ich teile meinem Kind entschieden mit: „Ich will, dass du jetzt damit aufhörst." Es entwickelt sich ein Machtkampf. Weil sie nicht auf mich hört, nehme ich ihre Hand, ziehe sie von der Pfütze weg. Das Kind stampft und schreit lauthals. Die Blicke der Umstehenden bohren sich in meinen Rücken. Ich würde viel drum geben, nicht in dieser Situation zu stecken.
>
> Gedanken streifen mein Bewusstsein: „Halten die mich für eine autoritäre und lieblose Mutter? Denken sie: So ein ungezogenes Kind?" Ganz bewusst muss ich mich entscheiden, diese Gedanken wegzuschieben und mich darauf zu konzentrieren, was ich für richtig halte. Ich bleibe unnachgiebig. Kurze Zeit später ist das „Trotzgewitter" vorbei. Unbeschwert freut sich meine Tochter nun auf den Weihnachtsmarkt – fast als wäre eine Last von ihr abgefallen. Wieder einmal muss ich mir eingestehen: Erziehung findet nicht dauerhaft in Harmonie statt. Und gewagte statt vermiedene oder verschobene Auseinandersetzungen führen zu Klarheit und Frieden.

Was Kinder im Augenblick unbedingt „wollen", sind momentane Wünsche, die sich schnell ändern können. Eine geschickte „Ablenkung" hilft da über manchen Trotzanfall hinweg. Jede Mutter kann ein Lied davon singen, dass Kinder nichts mit sich anzufangen wissen und Anregungen brauchen, um herauszufinden, was ihnen guttut. Die „berühmte" Kindergartenfrage: „Müssen wir heute wieder spielen, was wir wollen?" drückt eine echte Not aus. Kinder brauchen Unterstützung darin, zu entdecken und umzusetzen, was sie wirklich wollen. Und sie brauchen den starken Willen ihrer Eltern – mal, um sich anzulehnen, mal, um daran stark zu werden, indem sie dagegen kämpfen. Eltern, die sich von Wutanfällen ihrer Kinder zum Nachgeben verleiten lassen, machen ihre Kinder damit nicht stark, sondern verweigern ihnen notwendigen Halt.

Ein „Recht" darauf, auch mal unglücklich zu sein

Eine gute begleitende Autorität setzt Grenzen, wo Kinder in der Gefahr sind, sich selbst zu schaden, z. B. durch Schlafmangel oder einseitige Ernährung oder einen Umgang, der ihnen nicht guttut. Schon ein kleines Kind kann entscheiden, ob es den blauen oder den orangefarbenen Pulli anziehen will, aber nicht, ob eine Strumpfhose wegen der Kälte erforderlich ist. Schulkinder und erst recht Teenager sollen sich natürlich ihre Freunde selbst aussuchen. Aber wenn Eltern berechtigte Sorgen haben, sollten sie das Gespräch mit ihren Teenagern suchen und die Kontaktmöglichkeiten zeitlich eingrenzen.

Sören (13) fiel der Umzug in eine andere Stadt schwerer als seinen älteren Geschwistern. In den Monaten danach freundete er sich mit einer Clique von Jugendlichen an, die seiner Mutter als kein guter Umgang für ihn erschienen. Sie suchte mehrmals das Gespräch mit Sören, stieß aber auf taube Ohren. Tatenlos wollte sie nicht zusehen, wie er sich schadete. Darum beschränkte sie die Zeit, die Sören abends wegbleiben durfte. Der war richtig sauer und tobte, als seine Mutter ihn von den neuen Regeln in Kenntnis setzte. Aber er hielt sich an die Abmachungen. Jahre später vertraute er seiner Mutter an: „In einem Winkel meines Herzens habe ich damals schon gewusst, dass mir diese Freunde nicht guttun. Aber das konnte ich vor mir selbst nicht zugeben. Heute weiß ich: Mir hat es geholfen, es auf meine ‚spießige' Mutter schieben zu können, wenn ich mich früher als die anderen auf den Heimweg machte. Danke, dass du mir diese Grenze gesetzt hast!"

Ein Wutanfall ist keine Katastrophe. Schlimm wäre nur, wenn das Familienleben durch Wutanfälle gesteuert wird. Erziehung zu emotionaler Kompetenz beinhaltet, dass wir Kindern zumuten, sich auch mal unglücklich zu fühlen. Kinder müssen lernen, Spannungen auszuhalten, Freude, etwa über die Erfüllung eines Wunsches, aufzuschieben und auch mal zu verzichten.

Ein Wutanfall ist keine Katastrophe.

Falle Ersatzbefriedigung

Das führt natürlich zu Konflikten. Diese auszuhalten fällt Eltern dann schwer, wenn das, was das Kind begehrt, unterschwellig eine Ersatzbefriedigung ist. „Ich bin so selten zu Hause. Aber dafür mache ich meinem Kind viele Geschenke." Oder: „Ich bin oft zu müde oder zu beschäftigt, um mit meinem Kind zu spielen, da kann ich ihm nicht auch noch Süßigkeiten verbieten." Wenn Kinder Frustration und Enttäuschungen erleben, hilft es nicht, das schnell aus der Welt schaffen zu wollen, indem Sie Ersatz anbieten. Eine derartige Ungeduld wurzelt wohl eher in der Unfähigkeit der Eltern, das Unglück ihres Kindes aushalten zu können.

Es gibt hier einige typische Fallen: Emotionale Bedürfnisse werden mit Nahrung, Zeitbedürfnisse mit materiellen Zuwendungen „gestopft" – oder umgekehrt.

Ninas Tochter hatte offensichtlich keinen guten Tag im Kindergarten. Sie ist still, mag ihr Mittagessen nicht anrühren und ärgert den kleinen Bruder. Nina hatte selbst einen anstrengenden Vormittag. Sie spürt zwar, dass ihre Tochter eine Hilfestellung braucht, über ihre Stimmung hinwegzukommen, fühlt sich damit aber im Moment ‚überfordert'. Statt sich Zeit zu nehmen, um ihre Tochter in den Arm zu nehmen, ein wenig zu kuscheln und vielleicht auch herauszufinden, was passiert ist, gibt sie ihr ein Eis und hofft, dass die störrische Stimmung damit bald vorbei ist.

Um meinem Kind in guter Weise Grenzen setzen zu können, muss ich als Mutter oder Vater solche Fallen bei mir selbst durchschauen. Sonst besteht z. B. die Gefahr, zu nachgiebig zu sein, um mich bei meinem Kind „beliebt zu machen".

Hier ein kleiner Test, mit dem Sie einschätzen können, wie sehr Sie dazu neigen, Ihrem Kind Ersatzbefriedigungen anzubieten:

Kreuzen Sie die Antwort an, die Ihrem Verhalten im Alltag am nächsten kommt.

1) Das Baby brüllt und lässt sich nicht beruhigen.
- ❑ A. Ich biete ihm so lange Brust oder Flasche an, bis es endlich trinkt oder beim Trinken einschläft.
- ❑ B. Babys müssen auch mal schreien, ich lege es in sein Bettchen, irgendwann wird es einschlafen.
- ❑ C. Ich stelle sicher, dass es nicht am Hunger oder einer vollen Windel liegt. Dann halte ich das Baby im Arm, lehne mich im Sessel zurück und halte aus, dass es auch mal weinen muss. Ich wiege es sanft hin und her und rede beruhigend mit ihm.

2) Am Tag zuvor haben Sie viel Zeit mit Ihrem 4-jährigen Sohn verbracht. Heute müssen sie zu Hause etwas arbeiten und erwarten von ihm, dass er alleine spielt. Er nörgelt und fordert, dass Sie Zeit für ihn haben.
- ❑ A. Sie haben ein schlechtes Gewissen, können sich nicht auf Ihre Arbeit konzentrieren und bieten ihm schließlich an, seine Lieblingssendung auf DVD anschauen zu dürfen.
- ❑ B. Sie lassen Ihren Sohn toben und reagieren nicht darauf.
- ❑ C. Sie wenden sich Ihrem Sohn einen Moment lang bewusst zu und sagen ihm: „Ich kann verstehen, dass du enttäuscht bist. Das gemeinsame Spielen gestern hat wirklich viel Spaß gemacht. Aber heute muss ich arbeiten." Dann machen Sie ihm ein, zwei Spielvorschläge und stellen in Aussicht, dass Sie sich nach dem Abendessen noch eine halbe Stunde Zeit nehmen.

3) In den letzten zwei Wochen kam Ihre 6-jährige Tochter aufgrund Ihrer beruflichen Termine zu kurz. Nun sind Sie auf dem Heimweg von einer Dienstreise.

❑ A. Sie wollen Ihrer Tochter mal so richtig was Gutes tun und bringen ihr die neueste Barbie mit.

❑ B. Sie wollen Ihre Tochter nicht verwöhnen, darum ist es ein Abend wie jeder andere.

❑ C. Sie wollen Ihrer Tochter mal so richtig was Gutes tun. Deshalb darf sie aus drei Vorschlägen eine Sache auswählen, die Sie mit ihr am Wochenende unternehmen: 1. Ein Nachmittag im Schwimmbad; 2. Ein ausgiebiger Bastelnachmittag mit ihrer Freundin; 3. Ein Nachmittag auf dem Abenteuerspielplatz.

4) Ihr 8-jähriger Sohn kommt niedergeschlagen aus der Schule.

❑ A. Sie fühlen sich schlecht, weil Ihr Sohn niedergeschlagen ist. Sie wollen ihn aufmuntern und holen nach dem Essen sein Lieblingseis aus dem Gefrierschrank.

❑ B. Sie denken: Am besten keine Staatsaffäre daraus machen. Das gibt sich schon wieder.

❑ C. Sie sagen: „Na, es lief wohl heute nicht gut in der Schule?", und lassen ihm die Freiheit, ob er darüber reden will oder nicht. Als er beim Tisch-Abräumen anfängt zu erzählen, hören Sie ihm aufmerksam zu.

5) Ihre 10-jährige Tochter kommt mit einer schlechten Zensur und Tränen in den Augen aus der Schule.

❑ A. Sie können es fast nicht aushalten, sie so frustriert zu sehen, und bieten ihr an: „Wollen wir heute Nachmittag in die Stadt fahren? Du brauchst doch ein Paar neue Schuhe."

❑ B. Sie sagen zu ihr: „Das wird schon wieder! Hilfst du mir heute Nachmittag im Garten?"

❑ C. Sie nehmen Ihre Tochter in den Arm und nehmen sich Zeit, um ihr zuzuhören.

6) Weil beide Eltern voll arbeiten, ist Ihr 11-jähriger Sohn oft nachmittags allein.

❏ A. Wenn wir weniger verdienen würden, könnten wir unseren Kindern nicht so viel bieten, wie z. B. einen leistungsfähigen PC.

❏ B. Unser Sohn ist viel selbstständiger als andere Kinder in seinem Alter.

❏ C. Sie reden mit Ihrem Partner über Ihre Sorgen, Ihr Kind könnte zu kurz kommen. Dann rechnen Sie noch mal durch, ob Sie auch mit etwas weniger Geld auskommen könnten. Falls ja, fragen Sie Ihren Chef, ob Sie Ihre Wochenarbeitszeit um 5 Stunden kürzen können.

Auswertung:

Wenn Sie mehr als drei Mal A angekreuzt haben:
Sie könnten in der Gefahr stehen, sich von den Gefühlslagen Ihrer Kinder zu wenig zu distanzieren und ihnen deshalb Ersatzbefriedigungen anzubieten.

Wenn Sie diese Tendenz in der nächsten Zeit tatsächlich bei sich beobachten, dann besprechen Sie mit zwei vertrauten Menschen folgende Fragen: 1) Wie könnte ich mich von den Gefühlslagen meiner Kinder gesünder distanzieren? 2) Wie schaffe ich es, meine Kinder auf gute Art darin zu unterstützen, frustrierende Erfahrungen zu bewältigen?

Wenn Sie mehr als drei Mal B angekreuzt haben:
Sie können sich offensichtlich recht gut von den Gefühlslagen Ihrer Kinder distanzieren und sind deshalb nicht sehr geneigt, ihnen Ersatzbefriedigungen anzubieten. Sie könnten aber in der Gefahr stehen, Ihren Kindern zu wenig Mitgefühl entgegenzubringen, sodass sie sich zu wenig unterstützt fühlen.

Wenn Sie diese Tendenz in der nächsten Zeit tatsächlich bei sich beobachten, dann besprechen Sie mit zwei vertrauten Menschen folgende Fragen: 1) Wie könnte ich es lernen, meine Kinder besser zu unterstützen, wenn sie frustrierende Erfahrungen machen? 2) Wo könnte ich zeitliche Freiräume schaffen, um mich meinen Kindern etwas häufiger bewusst zuwenden zu können?

Wenn Sie mehr als drei Mal C angekreuzt haben:
Sie stecken offensichtlich in einem lebendigen Wachstumsprozess, in dem Sie lernen, mit Ihren eigenen Gefühlen und den Gefühlen Ihrer Kinder verantwortlich umzugehen. Sie sind nur wenig gefährdet, Ihren Kindern Ersatzbefriedigungen anzubieten.

Haben Sie Kraft, sich über Ihre Kinder zu freuen?

Ein ganz normaler Morgen – Sie sind einigermaßen ausgeschlafen, haben ein zu bewältigendes Tagespensum von Aufgaben vor sich, auf die Sie sich freuen. Dann hören Sie, wie das erste Kind aufwacht. Welche Gefühle haben Sie spontan?

Lockt die Aussicht, gleich in ein fröhliches Gesicht zu blicken, ein Strahlen auf Ihr Gesicht? Oder haben Sie ein diffuses Bauchgefühl: „Stress, lass nach! Jetzt ist meine Selbstbestimmung für den Rest des Tages vorbei."? Alle Eltern können ein Lied davon singen, dass sie zu manchen Zeiten von vielseitigsten Ansprüchen geradezu zerrissen werden und nichts mehr herbeisehnen als den Moment, in dem die Kinder mal nicht da sind oder endlich schlafen. Aber wenn die empfundene „Vergewaltigung der eigenen Bedürfnisse" zum Dauergefühl wird, dann stimmt etwas nicht im Familiengefüge.

Eltern, die ständig ihre eigenen Grenzen überschreiten, sind irgendwann nicht mehr frei, ihren Kindern freudig und liebevoll zu begegnen. Das hält kein Mensch aus, wenn seine Bedürfnisse ständig missachtet werden. Auch der nachgiebigsten Mutter geht es irgendwann „über die Hutschnur". Eine Grundvoraussetzung für ein gutes emotionales Miteinander ist, dass Eltern das Familienleben so gestalten, dass sie noch Kraft haben, sich über ihren Nachwuchs zu freuen.

Wenn Kinder z. B. nicht gelernt haben, sich bei Mahlzeiten an bestimmte Regeln zu halten, kann das schönste Essen zur Tortur werden. Wenn aber bestimmte Verhaltensregeln die Tischgemeinschaft prägen, können Familienmahlzeiten eine gemeinsam genossene Zeit sein. „Wir fangen gemeinsam an" – „Mit dem Essen wird nicht herumgespielt" – „Wir hören einander zu und reden nicht dazwischen"– „Wir ernähren uns gesund, jeder isst auch Salat und Gemüse" – „Man nimmt sich entsprechend seinem Hunger und isst seinen Teller leer" – solche Regeln sind nie unangefochten. Es kostet Eltern immer wieder Anstrengung und den Mut, sich für den Moment unbeliebt zu machen. Aber das Einhalten von Regeln und eine gewisse Disziplin widersprechen nicht der Lebensfreude einer Familie, im Gegenteil. Durch Akzeptanz von Regeln und gegenseitige Achtung profitiert die Atmosphäre.

Wenn die empfundene „Vergewaltigung der eigenen Bedürfnisse" zum Dauergefühl wird, dann stimmt etwas nicht im Familiengefüge.

Stehen Sie als Eltern zu sich und Ihren Bedürfnissen

Oft räumen gerade solche Eltern, die sich viel mit dem Thema Erziehung beschäftigen, ihren Kindern unbewusst einen „Sonderstatus" ein. Sie reagieren nicht, wie es ihrem eigenen Empfinden entspricht, sondern versuchen jederzeit pädagogisch wertvoll zu handeln. Wenn Kinder aber ständig ihre Eltern als „Puffer" zwischen sich und der Realität erleben, dann übernehmen sie irgendwann die Einstellung, dass ihnen diese Sonderbehandlung zusteht. Ihr Verhalten wird zu einer bodenlosen Forderung und kann ihr Gegenüber regelrecht ausbrennen. Das verhindert letztlich Beziehungsfähigkeit.

Eltern tun sich und ihren Kindern etwas Gutes, wenn sie ihnen gegenüber ehrlich ihre Bedürfnisse vertreten, vorausgesetzt sie arbeiten an einem gesunden Umgang mit den eigenen Emotionen. Es ist erlaubt, dass Eltern nicht jeden Tag gleich belastbar sind. Wenn Sie mit Ihrem Partner in Ruhe etwas zu bereden haben, dann bestehen Sie darauf, dass die Kinder nicht ständig ins Gespräch hineinplatzen. Indem Sie zu Ihren persönlichen Bedürfnissen stehen, sind Sie Vorbild und Gegenüber, an dem die Kinder einüben, Rücksicht zu nehmen.

Auch Eltern haben Grenzen – und das darf sein

Zu einer guten Balance in der Familie gehört, dass auch Eltern Grenzen haben dürfen – ob es nun die zu laute Musik aus dem Kinderzimmer, ständiges Genörgel oder die Inanspruchnahme unserer Zeit durch Taxidienste betrifft. Unsere Grenzen als Eltern sind ein berechtigter Grund, um Kindern die Erfüllung von Wünschen zu verweigern oder ihrem Verhalten Leitplanken zu geben.

Fordern Sie gesetzte Grenzen konsequent ein – Sie schaffen damit für Ihr Kind eine verlässliche Welt, die es nicht ständig neu austesten muss.

Haben Sie schon mal in den Bergen vor einem mächtigen Staudamm gestanden? Ich stelle mir vor: Wenn so ein Staudamm brechen und das Wasser ins Tal stürzen würde, bliebe in den Dörfern darunter kein Stein auf dem anderen. Eltern, die ständig ihre eigenen Grenzen ignorieren, handeln wie Ingenieure, die einen Staudamm auf Dauer überlasten. Irgendwann „platzt" auch den geduldigsten Eltern „der Kragen". Sie rasten aus oder verhängen unverhältnismäßige Strafen, weil sie sich vom Verhalten ihrer Kinder persönlich gekränkt fühlen. Die angestauten Aggressionen können sich auch einen „Schleichweg" wie Nörgelei oder Beziehungskälte suchen, manchmal sogar dazu führen, dass Eltern seelisch krank werden. All das schadet den Eltern, den Kindern und der Beziehung. Der andere Weg ist möglicherweise in der aktuellen Situation anstrengender, führt aber zu einer gesunden Charakterentwicklung. Indem wir auf gute Art zu unseren Grenzen stehen, lernen Kinder, Rücksicht zu nehmen.

Eine gute Art, zu meinen Grenzen zu stehen, zeigt sich darin, dass ich Verantwortung für meine Gefühlslagen übernehme und sie respektvoll gegenüber dem Kind formuliere. Wenn ich gestresst von der Arbeit nach Hause komme und irgendwie spüre, dass ich „geladen" bin, wäre es unfair, meine Frustration am Kind auszulassen und zu brüllen: „Stell endlich den Krach ab!" Hilfreich und fair ist es, wenn ich formuliere: „Ich habe Kopfschmerzen und kann heute nicht mehr viel ertragen. Bitte, lasst mir bis zum Abendessen meine Ruhe und stellt die Musik leiser." So stehe ich zu meiner Befindlichkeit und gebe dem Kind nicht das Gefühl: „Du bist verkehrt."

Eine gute Art schließt ein, dass ich klar und unnachgiebig handle, auch wenn das unter Umständen Wut heraufbeschwört. Ein „Zickzackkurs" dehnt Konflikte unendlich aus. Kinder, die die Erfahrung machen: „Wenn ich nur lange genug quengle, bekomme ich am Ende doch, was ich will", haben bei der nächsten Meinungsverschiedenheit garantiert wieder einen langen Atem, um ihren Willen nervtötend zu erzwingen.

Ich muss wissen, was ich will

Um klar im Handeln sein zu können, müssen Eltern erst einmal in ihrem Innern Klarheit schaffen. Wer selbst unbewusst hin- und hergerissen ist von seinen Gefühlen, handelt ambivalent, d. h. seine Worte sagen etwas anderes als sein Tun und seine Ausstrahlung. Wenn z. B. ein Kind gesagt bekommt: „Du sollst lernen, allein einzuschlafen", es aber zwischen den Zeilen spürt: „Du sollst mich brauchen, weil ich mich sonst so einsam fühle", dann kann das Einschlaftraining gar nicht zur Zufriedenheit gelingen. Durch solche Ambivalenzen werden Kinder verunsichert. Und dauerhaft verunsicherte Kinder werden oft zu Manipulierern ihrer Eltern. Die wiederum beklagen sich über ihre stressigen Kinder, müssten aber in Wirklichkeit an sich selbst arbeiten.

Kinder testen Grenzen

Je besser Eltern es schaffen, respektvoll, eindeutig und in gelassener Festigkeit aufzutreten, desto eher werden Kinder bestimmte Regeln und Konsequenzen akzeptieren. Trotzdem folgen auf ruhigere Zeiten, in denen die Grenzen einigermaßen klar sind und eingehalten werden, immer wieder auch konfliktreiche Zeiten, in denen Kinder zuvor akzeptierte Grenzen austesten. Einerseits prüfen sie in gewissen Abständen, ob Eltern nach wie vor ernst meinen, was sie sagen. In diesem Fall führt konsequentes Verhalten der Eltern zum Ziel.

Kinder testen Grenzen aus. Das kann auch bedeuten, dass es Zeit ist, dem Kind ein größeres Maß an Verantwortung zuzutrauen.

Andererseits kann es sein, dass Kinder deswegen rebellieren, weil die Zeit reif ist, ihnen an dieser Stelle wieder ein größeres Maß an Verantwortung zuzutrauen und die Grenzen an ihre fortgeschrittene Entwicklung anzupassen. Dann muss die Balance zwischen selbstbestimmter Entfaltung und Begrenzung wieder neu gefunden werden.

Oliver (5) darf schon seit langer Zeit alleine im Garten spielen. Er liebt es, mit den Nachbarskindern Verstecken zu spielen, mit dem Rad und anderen Fahrzeugen zu fahren und zu kicken. Seit 3 Jahren gilt die Abmachung, dass er zwar in den Gärten der Nachbarshäuser, nicht aber auf dem Gehweg entlang der Straße spielen darf. Diese Abmachung hat er über Jahre fast vollkommen eingehalten. In der letzten Zeit ist er aber immer wieder ungehorsam, fährt mit dem Roller auf dem Gehweg draußen oder geht mit seinem Freund zum nahe gelegenen Kiosk. Als sein Vater mit ihm über seinen Ungehorsam redet, gibt er zur Antwort: „Aber Papa, ich kann jetzt wirklich aufpassen und beim Rollerfahren auf dem Gehweg bleiben!" Da merken die Eltern, dass es Zeit ist, ihm dieses Stück Freiheit bis zum Kiosk um die Ecke zu geben, und sie ändern ihre Regeln.

Bauen Sie Ihrem Kind eine Brücke

„Matthias, ich möchte nicht, dass du die Küche so hinterlässt, wenn du dir mit deinen Freunden etwas zu essen holst. Bitte räum das Geschirr noch in die Spülmaschine und wisch den Tisch ab, damit ich das Abendessen vorbereiten kann.“

Wenn ein Kind eine Grenze überschritten hat und Konsequenzen zu spüren bekommt, ist es wichtig, ihm wieder „über die Grenze“ zurückzuhelfen. Wenn Matthias wieder Ordnung gemacht hat, ist die Sache vom Tisch. Ziel von Grenzsetzung ist ja nicht die Trennung, sondern ein respektvoller Umgang miteinander und Beziehungsfähigkeit.

- Achten Sie darauf, dass Konfliktsituationen wirklich dann abgeschlossen sind, wenn die Situation bereinigt ist.
- Lassen Sie dicke Luft nicht zu einem Dauerzustand werden.
- Und bauen Sie Ihrem Kind Brücken, in die Beziehung zurückzukehren. Wie kann das aussehen?

Oft besteht eine gute Brücke darin, dass Kinder das, was sie angerichtet haben, in irgendeiner Form wiedergutmachen können. Das tut ihrem Gerechtigkeitsempfinden gut und stärkt ihr Selbstbewusstsein. Ein anderes Mal ist es einfach die Zuwendung der Eltern, wie im folgenden Beispiel.

Die 3-jährige Emilia benimmt sich seit einigen Tagen am Mittagstisch lautstark daneben. Sie schreit, wenn es nicht ihr Lieblingsessen gibt, und zieht an der Tischdecke, bis etwas umfällt. Weil alle Worte nicht helfen, kündigen die Eltern ihr an: Wenn sie nach zwei Ermahnungen ihr Verhalten nicht ändert, wird sie in ihr Zimmer gebracht und darf erst wieder zum Tisch zurückkehren, wenn sie nicht mehr schreit und kein Essen umstößt. Diese Konsequenz tritt mehrmals ein. Mutter oder Vater bringen Emilia in ihr Zimmer, dort tobt sie ihren Wutanfall aus und beruhigt sich nach wenigen Minuten. Aber sie kommt nie von selbst zum Tisch zurück, erst wenn Mutter oder Vater sie holen. Dann ist sie meistens fröhlich, isst ohne Geschrei ihr Essen und plappert über ihre Erlebnisse im Kindergarten. Emilia braucht es, dass ihre Eltern ihr diese Brücke bauen.

In welcher Richtung haben Sie Entwicklungsbedarf?

Neigen Sie dazu, die freie Entfaltung Ihrer Kinder zu stark einzupferchen? Legen Sie an das, was Ihr Kind anpackt, zu sehr Ihre erwachsenen Maßstäbe an?

Oder trauen Sie sich nicht, Ihren Kindern beherzt und konsequent Grenzen zu setzen aus Sorge, sie könnten Schaden nehmen? Sind Sie in der Gefahr, sich lieber kurzfristig bei Ihren Kindern beliebt zu machen, indem Sie zu nachgiebig sind?

Praxistipp

- Wählen Sie drei Menschen in Ihrer Umgebung aus, die Sie gut kennen und Sie im Umgang mit Ihren Kindern erleben. Bitten Sie diese Personen, wirklich ehrlich zu sein, und fragen Sie sie dann: „Findest du, ich schränke die Entfaltung meiner Kinder zu sehr ein? Oder findest du, ich setze zu wenige Grenzen?"
- Prüfen Sie die Antworten, und schätzen Sie für sich ein, in welche Richtung eine Korrektur nötig wäre.
- In Richtung *Entfaltung*:
  - Üben Sie ein, besondere Begabungen, die Ihr Kind hat, zu entdecken und wertzuschätzen.
  - Üben Sie, Ihren Kindern mehr Freiraum zu geben, z.B.: Lassen Sie Ihre Kinder mal ein Essen ganz allein zubereiten – die Eltern haben Küchenverbot, bis das Essen fertig ist.
- In Richtung *Begrenzung*:
  - Machen Sie sich bewusst: Eltern, die nicht in gutem Maße Grenzen setzen bzw. zu ihren Grenzen stehen, sind irgendwann überfordert und richten dann mit ihren Gefühlen Schaden an.
  - Machen Sie sich bewusst: Ihr Kind wird *nicht* davon stark, dass Sie seinen Wünschen permanent nachgeben.
  - Nehmen Sie sich vor, es mindestens einmal am Tag auszuhalten, wenn Ihr Kind ärgerlich wird, weil Sie ihm eine sinnvolle Grenze gesetzt haben. Bestehen Sie z.B. darauf, dass wirklich nur die

eine Sendung, die abgesprochen war, im Fernsehen angeschaut wird.

6 Befähigende Autorität –
Balance von Herausforderung und Nachsicht

Jesus von Nazareth scharte einen Kreis von zwölf Männern um sich, um sie durch seine persönliche Begleitung auszubilden. Eines Tages beauftragt er seine Jünger, nun selbst, jeweils zu zweit, loszuziehen und zu predigen und Menschen zu heilen. Als sie zurückkommen, berichten sie begeistert, was sie erlebt haben.

Jesus traut seinen Jüngern etwas zu, er bildet sie aus, er fordert und fördert sie und setzt sie damit frei, über sich selbst hinauszuwachsen.

Setzen Sie das Potenzial Ihrer Kinder frei

Das ist ein gutes Modell auch für Eltern, die das Beste für ihre Kinder wollen: Sie werden ihre Kinder befähigen und fördern, aber auch fordern, damit sie über ihre Grenzen hinauswachsen und ihr Potenzial ausschöpfen können. Wie sieht das aus?

- Räumen Sie Ihren Kindern nicht alle Steine aus dem Weg. Befähigen Sie sie lieber, Steine auf ihrem Weg selbst zu bewältigen. Beispiel: „Du kannst das Problem selbst mit deinen Freunden klären. Wir können gemeinsam überlegen, wie du es am besten ansprichst."
- Trainieren Sie mit Ihren Kindern Kenntnisse und Fertigkeiten. Das geht hervorragend, indem Sie sie bei praktischen Aufgaben zu Hause mithelfen lassen, z. B. beim Gemüseputzen in der Küche, beim Rasen zusammenrechen, vielleicht sogar beim Renovieren.
- Üben Sie mit ihnen ganz praktisch Verantwortung ein. Lassen Sie z. B. Ihr Schulkind selbst daran denken, sein Pausenbrot mitzunehmen.
- Und ermöglichen Sie Ihren Kindern die Erfahrung, dass sie sich angestrengt und deswegen etwas erreicht haben. Bei einem kleinen Kind kann diese Erfahrung darin bestehen, den Reißverschluss

an der Jacke selbst zuzumachen. Einem Schüler tut es gut, wenn er sein Referat für die Schule selbst vorbereitet und es nicht vom Vater „vorgekaut" bekommt.

Wenn Kinder spüren: „Ich habe Angst vor einer Aufgabe, aber meine Eltern unterstützen mich und trauen mir das zu!", dann gibt das ihrem Selbstwertgefühl Auftrieb und beflügelt sie.

Unterstützung und Vertrauen zu den Fähigkeiten des Kindes fangen ganz klein an, wenn Vater oder Mutter mit offenen Armen den kleinen Sohnemann empfangen, der wackelig seine ersten Schritte tippelt. Es geht weiter, wenn das Töchterchen Radfahren lernt und sie sich noch nicht so richtig traut, aber ihre Eltern ihr vermitteln: Du kannst das!

Einem 10-Jährigen, der Angst vor der Mathearbeit hat, können Eltern Hilfestellung geben, um effektiv zu lernen, und ihm dann vermitteln: „Das Wichtigste ist, dass du dein Bestes gibst." Wenn die Note dann trotzdem nicht gut ausfällt, sind Eltern gefragt, die trösten und vermitteln: „Du bist wertvoll mit guter oder schlechter Mathe-Note. Besser, du hast eine ehrliche Vier als eine Zwei, die durch Betrug zustande gekommen ist."

Versuchen Sie nicht, zu erreichen, was Ihrem Kind nicht entspricht

Aber Ihr Kind wird voraussichtlich nicht, jede Herausforderung mühelos meistern. Wenn die 3-Jährige noch nicht allein bei Oma schlafen will oder einem Teenager das Referat in der Schule schlecht gelungen ist, wenn der Sohn eines Mathematikers das Gymnasium nicht schafft oder die Tochter einer Sportlehrerin kein Sport-Ass ist, dann darf das sein!

Kinder zu befähigen, die eigenen Gaben bestmöglich zu nutzen, schließt auch ein, Grenzen der Kinder anzuerkennen, rechtzeitig zu spüren: Hier versuche ich – vielleicht aus uneingestandenem Ehrgeiz –, in meinem Kind eine Fähigkeit zur Entfaltung zu bringen, die noch nicht reif oder vielleicht gar nicht vorhanden ist. Üben Sie Nachsicht und akzeptieren Sie die persönlichen Grenzen Ihres Kindes. Aber halten Sie gleichzeitig Ausschau nach Gelegenheiten, diese Grenzen stückweise zu erweitern, wenn der Zeitpunkt dafür gekommen ist.

Es ist noch kein Meister vom Himmel gefallen

In einer Atmosphäre von Akzeptanz und Gelassenheit kann in Ruhe der Mut gedeihen, sich der nächsten Herausforderung zu stellen. Ein Kind, das liebevoll aufgefangen wird und sich ganz und gar angenommen weiß – gerade im Scheitern an bestimmten Herausforderungen –, kann Selbstsicherheit entwickeln. Und das ist die beste Voraussetzung für einen neuen Anlauf, um eine Sache doch noch zu bewältigen oder sich in eine Richtung zu orientieren, die mehr den eigenen Begabungen entspricht. Die richtige Balance aus Fördern und Fordern und wieder Fördern befähigt Ihr Kind, in einem ihm entsprechenden Maß und Rahmen das Beste aus seinen Gaben und Möglichkeiten zu machen.

Vier Beispiele für befähigende
Autorität im Alltag

Noah (3) hat prima gelernt, statt Windel die Toilette zu benutzen. Aber für das „große Geschäft" braucht er jeden Tag noch eine Windel. Er spielt dann fünf Minuten in seinem Zimmer und schon kann die Windel mit Inhalt wieder entsorgt werden. Die Eltern warten zunächst ab, ob sich das Ganze von selbst erledigt. Als sich nach Monaten immer noch nichts tut, reden sie mit ihrem Sohn und stellen ihm Schokolade in Aussicht, wenn es auf der Toilette klappt. Als auch das nicht zum Erfolg führt, besprechen sie mit ihm: „Ab heute machen wir dir keine Windel mehr dran. Du bleibst einfach länger auf der Toilette sitzen. Ich lese dir auch ein Bilderbuch vor, wenn du möchtest." Aber auch wenn Noah eine halbe Stunde auf der Toilette sitzt, tut sich nichts. Nach fünf Tagen

Verstopfung geben die Eltern klein bei und greifen wieder zur Windel. Da funktioniert die Verdauung wieder bestens.

Also lassen die Eltern wieder einige Tage verstreichen. Als spontane Idee bieten sie ihm eines Tages an, sein Töpfchen noch mal vom Dachboden zu holen und ihm das Töpfchen in sein Zimmer zu stellen, während er spielt. In dem Moment, wenn er eigentlich in die Windel machen würde, soll er sich dann schnell aufs Töpfchen setzen. Und es klappt. Nach nur fünf Minuten ruft Noah nach seiner Mutter und ist superstolz auf den Töpfcheninhalt. Nach zwei Wochen wird das Töpfchen nicht mehr im Kinderzimmer, sondern im Badezimmer bereitgestellt – auch da funktioniert es. Wenige Tage später klappt das „große Geschäft" zum ersten Mal auf der Toilette.

Sirina (18 Monate) soll lernen, sonntags in der Kinderbetreuung in ihrer Gemeinde zu bleiben. Die Eltern gehen folgende Schritte mit ihr: Monatelang bleibt jeden Sonntag ein Elternteil mit ihr in der Kindergruppe. Als Sirina sich an die Mitarbeiterinnen dort gewöhnt hat, macht die Mutter einen ersten Trennungsversuch. Sie kommt nach kurzer Zeit wie versprochen wieder zurück. Weil Sirina nicht geweint hat, verlängern ihre Eltern Woche für Woche die Trennungszeit. Sie verabschieden sich jedes Mal und versprechen ihrer Tochter, wiederzukommen. Schließlich kann Sirina vor dem Gottesdienst abgegeben und nach dem Gottesdienst fröhlich wieder abgeholt werden.

Monate später muss ihr eine „Laus über die Leber gelaufen sein". Sie weint, als ihre Eltern sie abgeben wollen. Also redet ihre Mutter mit den Mitarbeiterinnen und bleibt sicherheitshalber erst mal mit da. Nach ca. 20 Minuten, als Sirina fröhlich ins Spiel vertieft ist, verabschiedet ihre Mutter sich von ihr und kommt an diesem Sonntag auch etwas früher zurück. Ab der nächsten Woche klappt es wieder unkompliziert.

Elena ist ein stilles Mädchen, das musikalisch sehr begabt ist. Sie lernt Violine spielen und macht große Fortschritte. Ihre Musiklehrerin würde sie gerne fürs nächste Vorspiel der Musikschule einplanen. Aber Elena hat Angst und traut sich nicht. Obwohl die Lehrerin und auch die Eltern mit ihr reden, wird aus dem Vorspiel beim nächsten Termin noch nichts. Elena spielt nun aber häufiger ihren Eltern zu Hause etwas vor und hin und wieder auch, wenn Besuch anwesend ist. Ein Jahr später als von der Musiklehrerin angestrebt, spielt Elena zum ersten Mal öffentlich.

Silas ist in der dritten Klasse. Seine Lehrerin hat ihn ermutigt, über sein Hobby Modelleisenbahn einen kleinen Vortrag zu halten. Silas ist erst Feuer und Flamme, ist dann aber in den Tagen vorher so aufgeregt, dass er der Lehrerin absagt. Sie versucht noch einmal, ihn zu ermutigen, weil sie es ihm wirklich zutraut. Als er bei seinem Nein bleibt, bietet sie ihm an, es in einem halben Jahr noch mal zu versuchen. Auch dann traut Silas sich nicht.

Eine „Meistertreppe" zur richtigen Balance zwischen Herausforderung und Nachsicht

1. Stufe: Setzen Sie das Kind nicht unter Druck.
Reden und handeln Sie verständnisvoll und einfühlsam, nehmen Sie das Kind an, wie es ist. Wenn es etwas (noch) nicht kann, ist das in Ordnung.

Alle vier Kinder, Noah, Sirina, Elena und Silas, sind herausgefordert, aber nicht unter Druck gesetzt worden, um einen neuen Lernschritt zu schaffen.

2. Stufe: Verhalten Sie sich wahr und klar.
Reden und handeln Sie vertrauenswürdig, belügen oder hintergehen Sie das Kind nicht.

Sirinas Eltern haben sich nie unbemerkt hinausgeschlichen und sie ohne Verabschiedung zurückgelassen. Das hat ihr geholfen, ihren Eltern zu vertrauen, dass sie auch wirklich wiederkommen, wenn sie es sagen.

3. Stufe: Stellen Sie das Kind vor neue altersgemäße Herausforderungen.
Stoßen Sie neue Lernschritte an.

Noah hätte vermutlich noch ein Jahr später in die Windel gemacht, wenn seine Eltern den Lernprozess nicht angestoßen hätten; Elena wäre nie von selbst auf die Idee gekommen, öffentlich zu spielen.

4. Stufe: Geben Sie dem Kind Zeit.

Reagieren Sie mit Gelassenheit und Nachsicht, wenn das Kind die neue Herausforderung noch nicht meistert.

Noah, Sirina, Elena, Silas – alle haben Zeit bekommen, als sie noch nicht so weit waren.

5. Stufe: Zerlegen Sie den großen Lernschritt in kleine Teilschritte.

Lehren Sie Ihr Kind, sich nicht vom Blick aufs Ganze erschlagen zu lassen, sondern den nächsten Abschnitt in Angriff zu nehmen.

Elena hat es geschafft, zu Hause schrittweise vor immer größerem Publikum zu spielen – schließlich schaffte sie auch den großen Auftritt.

6. Stufe: Bieten Sie Unterstützung an, um das Angestrebte doch noch zu erreichen.

Das kann Ihre Nähe sein, ein Lösungsvorschlag, eine Ermutigung oder konkrete Hilfe.

Als Sirina aus irgendeinem Grund nicht alleine in der Kinderbetreuung bleiben wollte, hat ihre Mutter sie durch ihre Nähe unterstützt.

7. Stufe: Akzeptieren Sie, wenn ein Ziel trotz Teilschritten, Zeit und Unterstützung nicht erreicht wird.

Fördern Sie, dass das Kind andere Fähigkeiten und Begabungen entdeckt. Stellen Sie es vor andere Herausforderungen.

Silas ist zwar ein toller Schüler, aber schon in der Grundschule kriegt er es einfach nicht hin etwas vor der ganzen Klasse vorzutragen. Er hat offensichtlich andere Begabungen, die es zu entdecken gilt.

Ich erinnere mich an den Tag, an dem unsere Tochter bei ihrem ersten sportlichen Wettkampf mitmachte – ein spaßiger Mini-Lauf über 300 Meter mit rund 50 anderen Kindern unter sechs Jahren. Ich stand mit der Kamera in der Hand am Zieleinlauf und mir kamen die Tränen, weil ich so bewegt davon war, wie mein – vor Kurzem

Meistertreppe

Herausforderung

Befähigung

7. Akzeptieren Sie, wenn ein Ziel (noch) nicht erreicht wird

6. Bieten Sie Unterstützung an.

5. Zerlegen Sie den großen Lernschritt in kleinere Teilschritte.

4. Geben Sie Ihrem Kind Zeit.

3. Stellen Sie Ihr Kind vor neue altersgemäße Herausforderungen.

2. Verhalten Sie sich wahr und klar.

1. Setzen Sie Ihr Kind nicht unter Druck.

Nachsicht

noch – „Baby" voller Stolz und Glück im Pulk mit 50 anderen Kindern fröhlich und begeistert über die Ziellinie lief. Nichts hätte mich davon abhalten können, meine Tochter anzufeuern. So sollen wir an der „Aschenbahn" des Lebensweges unserer Kinder stehen: sie ermutigen und anfeuern, ihnen aufhelfen und sie trösten, wenn sie gestolpert sind, und ihnen dann wieder helfen, den nächsten Schritt zu tun, um ihren eigenen Weg zu gehen.

7 Das „Sicherungsseil" für emotionale Abenteuer

Der Anblick berührte mich und ließ mir einen wohligen Schauer über den Rücken laufen. Beim Kinderkonzert mit Mike Müllerbauer bereicherten zwölf ganz unterschiedliche Mädchen – groß und klein, blond und braun, schlank und füllig – das Bühnenbild und den Sound. Leidenschaftlich sangen und tanzten sie den Hit:

> „Gott hat mich in sein Herz geschlossen,
> von meinem Kopf bis zu den Flossen.
> Er liebt mich ganz, mit Haut und Haar,
> für ihn bin ich der Superstar.
> Zum Beispiel liebt er meine Beine
> und ganz bestimmt auch deine!
> Meinen Bauchnabel findet er klasse,
> eingebettet in ein bisschen Masse …"[4]

Ja, dachte ich, das wünsche ich euch allen in dieser Barbie-geschädigten Magersucht-Model-Ideal-Welt, dass ihr euch so bedingungslos bejaht und geliebt wisst.

Jeder Mensch trägt die Sehnsucht in sich, anerkannt und geliebt zu werden. Anerkennung und Liebe zu erfahren, gehört zu den wesentlichen Grundbedürfnissen des Menschen. Wenn diese Sehnsucht nicht auf gesunde Weise erfüllt wird, sucht sie sich ungute Wege. Wer sich selbst minderwertig fühlt, zieht sich entweder zurück, traut sich nichts zu, lässt sich von anderen manipulieren, ausnutzen oder gar missbrauchen, um unbewusst auf diesem Weg Zuwendung und

Anerkennung zu erhalten. Oder er ist ständig damit beschäftigt, andere kleinzumachen, um das eigene Ego aufzupolieren. Das kann sehr versteckt und unterschwellig geschehen. Aber es bindet die Lebenskräfte eines Menschen, wenn er so agieren muss.

Wert, geliebt zu werden

„Nur wer geborgen ist, kann sich wahrnehmen. Nur wer sich wahrnimmt, kann sich wandeln."
(Sabine Naegeli)

Ein Mensch mit einem gesunden Selbstwertgefühl hält sich selbst für wertvoll und liebenswert – der Liebe wert. Er freut sich über seine Stärken und Begabungen und kann zu seinen Schwächen und Defiziten stehen. Weil er sich selbst achtet, kann er auch andere als wertvolle Personen behandeln. Ein untrügliches Zeichen für einen gesunden Selbstwert ist es, dass jemand andere weder überhöht und anhimmelt noch sie kleinmacht und verachtet.

So einen gesunden Selbstwert können Kinder entwickeln, wenn sie sich von ihren Eltern ohne Vorbedingungen angenommen wissen. Das ist wiederum die beste Voraussetzung, um im emotionalen Wachstumsprozess gut dabeizubleiben. Diesen Zusammenhang hat die Seelsorgerin Sabine Naegeli so in Worte gefasst: *„Nur wer geborgen ist, kann sich wahrnehmen. Nur wer sich wahrnimmt, kann sich wandeln."*[5] Kinder, die Geborgenheit erleben, haben darin auch einen Schutz- und Freiraum, in dem sie sich selbst wahrnehmen und sich weiterentwickeln können.

> Kerstin könnte heute permanent an ihrer Tochter herumnörgeln. Aber natürlich macht das alles nur noch schlimmer. Also entscheidet sie sich bewusst, nicht die Fehler zu sehen, sondern das Kind. Sie übt ein, nur bei den wirklich wichtigen Dingen Kritik zu äußern und ansonsten großzügig zu sein und ihrer Tochter wohltuende Geborgenheit zu vermitteln. Da verändert sich nach und nach auch das Verhalten der Tochter zum Besseren.

Einzigartig – eigenartig

Es gibt Seiten an unseren Kindern, über die wir uns von Herzen freuen. Diese Freude sollten wir richtig kultivieren und möglichst oft spontan äußern. Wenn Sie etwas an Ihrem Kind richtig begeistert – sagen Sie es ihm: „Du hast so strahlende Augen. Die mag ich!" – „Hast du gesehen, wie sehr sich die Nachbarin über dein Bild zu ihrem Geburtstag gefreut hat?" – „Danke, dass du mir in der Küche geholfen hast!" – „Du kannst wirklich gut zuhören!" – „Du kannst mit deiner Freude so richtig anstecken!" – „Das ist toll, wie du dir etwas Neues zutraust!" – „Ich bin froh, dass du so vorsichtig bist. Ich kann mich auf dich verlassen."

Zaubern Sie immer wieder ein Strahlen auf das Gesicht Ihres Kindes, indem Sie ihm einfach sagen: „Schön, dass du meine Tochter/ mein Sohn bist!" Die Gelegenheiten, bei denen wir vom Verhalten unserer Kinder nicht begeistert sind, kommen früh genug.

> Helena ist mit ihrem Sohn zu Besuch bei einer Freundin. Das Kind ihrer Freundin spielt ruhig und vergnügt im Sandkasten. Aber ihr Sohn fährt mit dem sandigen Fahrzeug in die Wohnung, knallt die Türen, ärgert die anderen Kinder. Mehrfach muss Helena ihr Gespräch unterbrechen, um ihn zu ermahnen. Als sie abends ihrem Mann erzählt, wie stressig sie den Nachmittag fand, seufzt sie: „Kann unser Kind nicht auch mal so ruhig und ausgeglichen sein wie das Kind meiner Freundin?" Tränen steigen ihr in die Augen.

Momente wie diese gehören zum Elternsein. Es ist ganz normal, dass es Eltern nicht zu jeder Sekunde leichtfällt, ihr Kind so anzunehmen, wie es ist. „Warum muss gerade *mein* Kind ADHS haben?" – „Warum ist gerade *mein* Kind so ängstlich in unbekannten Situationen?" Ein Kind so anzunehmen, wie es nun einmal ist, das wird manchmal auch unter Tränen erkämpft.

Je ehrlicher sich Eltern das eingestehen, desto wahrhaftiger verhalten sie sich gegenüber ihrem Kind. Vielleicht nehmen Sie sich die Zeit, einmal zu überlegen:
• Was nervt mich an meinem Kind? Was macht mir Kummer im Blick auf mein Kind?

- Welche Eigenart hat es, die ich mir anders gewünscht hätte?
- Und vor allem: Könnte es sein, dass mein Kind spürt, dass es mir schwerfällt, es mit dieser Eigenart anzunehmen?

Kinder, die von ihren Eltern Ablehnung spüren, weil sie offensichtlich nicht so sind, wie die Eltern sie sich wünschen, werden in ihrem Selbstwert tief erschüttert. Aber eine errungene ehrliche Annahme ist wertvoller als eine oberflächlich aufgesetzte, die brüchig ist wie eine dünne Eisfläche.

Ein vorbereitender Schritt zu ehrlicher Annahme ist es, wenn Sie über das trauern, was Ihnen im Leben mit Ihren Kindern Kummer macht. An dem, was ich betrauert habe, reibe ich mich nicht mehr wund. Trauer ebnet den Weg dafür, dass Sie (immer wieder) die Entscheidung treffen: Ich akzeptiere, dass das Verhalten meines Kindes nicht immer leicht zu ertragen ist. Ich rechne damit, dass es mir auch mal wehtut. Mein Kind darf mir mit seiner Eigen-Art auch Mühe machen. Aber mein vorbehaltloses Ja zu diesem Kind wird davon nicht ins Wanken gebracht. Ich ärgere mich über Verhaltensweisen, aber ich liebe die Person.

Geben Sie Ihrem Kind innerlich die Erlaubnis: Du darfst mir mit deiner Eigen-Art auch Mühe machen.

Was Eltern an ihrem Kind schwer auszuhalten finden, das kann sehr unterschiedlich sein. Ein abenteuerbegeisterter Erlebnispädagoge ist enttäuscht, wenn sein Sohn kein Outdoor-Freak wird. Eine liebevolle, ruhige Mutter erschrickt darüber, wenn ihr Kind sich aggressiv verhält. Andere Eltern haben damit zu kämpfen, dass ihr Kind eine starke gesundheitliche Einschränkung hat. Es kann sein, dass mit einem Kind etwas in das Leben einer Familie gekommen ist, das ihren Alltag schwieriger macht. Wenn Eltern daran leiden, dann dürfen sie sich das eingestehen.

Was wir leugnen, hat unbewusst große Macht. Aber was wir ansehen, das können wir in unseren Reifungsprozess hineinnehmen. Es werden Lebenskräfte frei, wenn Menschen das, was sie nicht ändern können, als zu ihrem Leben gehörig annehmen.

Für diese inneren Auseinandersetzungen kann das Gespräch mit Gott eine große Hilfe sein. Schon mehrfach habe ich erlebt, dass mir während des Betens klar wurde: Gott will diese Last, diese Schwierigkeit dazu gebrauchen, um an meinem Herzen zu arbeiten. Und in seiner Nähe bekomme ich die Kraft geschenkt, die ich brauche, um die Last zu tragen.

Du bist du!

Haben Sie sich schon mal gewünscht, Ihr Kind wäre wie dieses oder jenes Kind? Damit sind Sie nicht allein. Die eine Mutter macht sich Sorgen, weil ihr Kind so schüchtern ist – eine andere gäbe viel drum, wenn ihr Kind mal schüchterner wäre. Aber: Beim Vergleichen sehen wir immer nur einen kleinen Ausschnitt. In Wirklichkeit hat jede Charakterstruktur ihre angenehmen und ihre schwierigeren Seiten.

Eltern können *lernen*, die Einzigartigkeit ihrer Kinder wertzuschätzen. Ein ganz praktischer Schritt in die richtige Richtung ist: Ich höre auf, mein Kind mit anderen zu vergleichen und seine Leistungen an den Leistungen anderer Kinder zu messen.

Vermitteln Sie Ihrem Kind: So wie du geworden bist und wie du *im Werden bist* – so darfst du sein. Ich will dich auf deinem Entwicklungsweg begleiten und dich nicht in ein Schema pressen, das nicht zu dir passt. Vielleicht wecken Sie in Ihrem Kind – und auch in sich selbst – eine Art von Neugier: Ich bin gespannt, was in dir steckt. Ich freue mich auf alle Fähigkeiten, die du entfalten wirst. Ich bin mit dir unterwegs – um zu entdecken, was für ein Mensch du bist und werden wirst.

Ermutigung fühlt sich an wie Rückenwind

Nils ist mit seinen Großeltern im Erdbeerfeld. Erst hat er ein bisschen mitgepflückt, jetzt hüpft er durch die Reihen und sucht Marienkäfer. Als eine Nachbarin auftaucht und meint: „Ihr habt ja einen tollen Helfer dabei", antwortet der Opa: „Der Helfer taugt nicht viel."

So etwas ist schnell gesagt. Aber Kinder nehmen es auf. Wenn so etwas einmal passiert, vergessen sie es schnell wieder. Aber ein Kind, das dauernd hört, es tauge zu nichts, fühlt sich kleingemacht und entwürdigt. Negative Aussagen können auf Dauer zu sich selbst erfüllenden Prophezeiungen werden. Worte schaffen Wirklichkeit. Nicht selten schildern Erwachsene in Seelsorge und Therapie folgendes Problem: Sie haben von klein auf immer wieder zu hören bekommen, dass sie es zu nichts bringen werden – und nun stehen sie tatsächlich vor dem Scherbenhaufen ihres Lebens.

Entmutigung stellt sich von ganz allein ein. Ermutigung braucht einen Entschluss. Entschließen Sie sich, ein Ermutiger für Ihr Kind zu sein.

Manchmal wäre es gut, wir könnten uns selbst beobachten. Gedankenlos nehmen wir oft das, was gut läuft, als normal hin und kritisieren ständig, was (noch) nicht so optimal ist. Aber wir können es bewusst einüben, Kinder zu ermutigen. Unser Lob muss unbedingt ehrlich sein und möglichst konkret.

Sagen Sie abends am Bett nicht einfach nur: „Das war heute ein guter Tag", sondern formulieren Sie konkret, worüber Sie sich gefreut haben, z.B.: „Ich fand es toll, dass du dem älteren Mann im Supermarkt spontan geholfen hast, als ihm sein Portemonnaie runtergefallen war." – „Ich habe mich gefreut, dass du dich deinem kleinen Bruder heute so zugewendet hast, während ich geputzt habe." – „Ich bin richtig stolz auf dich, dass du das Referat heute in der Schule geschafft hast." – „Heute auf dem Spielplatz habe ich wieder gedacht: Du kannst so toll klettern!"

Kinder haben feine Sensoren dafür, ob wir meinen, was wir sagen, oder nicht. Oft reichen ein paar Worte oder sogar schon ein Blick oder eine Geste, mit denen wir Anerkennung ausdrücken. Wir können unseren Kindern aufmunternd zunicken, sie anstrahlen oder kurz mit dem Daumen nach oben zeigen. Das fühlt sich an wie Rückenwind bei einer Radtour. Erzählen Sie Ihrem Partner, worüber Sie sich bei Ihrem Kind gefreut haben, und nehmen Sie bewusst in Kauf, dass das Kind zuhört. (Kinder hören sowieso fast alles, was wir über sie reden – auch durch geschlossene Türen. Sie haben einen Riecher dafür.) Eltern können es darauf anlegen, ihre Kinder „auf frischer Tat zu ertappen", wenn sie etwas gut machen, und dann ihre Freude offen zeigen. Statt nur etwas zu sagen, wenn das Kinderzimmer ein Chaos ist, können Sie bewusst dann, wenn das Kind gerade aufräumt, vorbeischauen und eine wohltuende Bemerkung machen.

Einerseits ermutigt es Kinder, wenn ihre Stärken geschätzt und gefördert werden, wenn sie zeigen können, was in ihnen steckt. Ermöglichen Sie Ihrem Kind Hobbys, die an seinen Stärken anknüpfen – Fußball, Handball, Malen, Basteln, Musik …

Andererseits brauchen sie gerade in der Konfrontation mit ihren Schwächen Eltern, die ihnen den Rücken stärken. Das kann z. B. so klingen: „Ich kann gut verstehen, dass dich die Vier in Englisch frustriert. Aber sie ist kein Weltuntergang. Vielleicht wird's beim nächsten Mal ja besser. Ein Sprachengenie wird wohl nicht aus dir, aber dafür kannst du andere Dinge gut." Kinder brauchen Lob und Anerkennung, um ihre Begabungen zu entdecken und zu entfalten. Und sie brauchen Ermutigung, um das durchhalten zu können, was ihnen schwerfällt. Aus einem kreativ begabten Kind muss kein Buchhalter werden, aber ganz ohne Mathe wird es mit einem Schulabschluss schwierig. Besonders brauchen Kinder Ermutigung, wenn ihnen etwas misslungen ist, damit sie nicht aufgeben, sondern sich immer wieder neuen Herausforderungen stellen.

> *„Ertappen" Sie Ihre Kinder „auf frischer Tat", wenn sie etwas gut machen!*

Wenn für ein Kind, bedingt durch eine Lese-Rechtschreib-Schwäche, jedes Diktat zum Horrortermin wird, braucht es gerade an diesem Punkt intensive Zuwendung. Mutter oder Vater können sich um Nachhilfe und/oder therapeutische Hilfen kümmern, sie können selbst mit dem Kind üben, und wenn das Kind dann trotzdem mit der schlechten Note aus der Schule kommt, es emotional auffangen. Die Eltern können Verständnis signalisieren: „Ich kann verstehen, dass du enttäuscht bist." Vielleicht tut dem Kind eine Umarmung gut oder der Satz: „Ich habe dich lieb, so wie du bist." Man kann kleine Erfolge wahrnehmen – eine Fünf-Plus ist besser als eine Fünf-Minus – und sie ein bisschen feiern. Und Eltern können, ohne einen direkten Zusammenhang herzustellen, Gelegenheiten schaffen, bei denen das Kind seine Stärken entfalten kann – im Judo, beim Schachspielen, in zwischenmenschlichen

Beziehungen, bei der Mithilfe im Garten, beim Sorgen für ein Haustier ...

Gerade dann, wenn Ihr Kind mit einem Misserfolg oder einer Enttäuschung zurechtkommen muss, können Sie als Eltern die Selbstannahme Ihres Kindes unterstützend begleiten. Kinder brauchen dann jemanden, der sich in ihre Lage einfühlen kann und der hilfreiche Worte findet. Ehrgeizige Kinder brauchen Unterstützung, um barmherzig mit sich selbst zu werden. Schüchterne Kinder brauchen Eltern, die ihnen signalisieren: Es ist okay, wenn du Zeit brauchst, bis du dich etwas traust. Kinder, die wegen ihrer Lebhaftigkeit häufiger als andere zurechtgewiesen werden, brauchen das Bewusstmachen ihrer Stärken.

Für ein gesundes Selbstwertgefühl brauchen Kinder einerseits die Gewissheit: Ich bin geliebt – auch wenn ich versage. Und andererseits die Erfahrung: Ich kann was!

Auf der einen Seite ist es für ein gesundes Selbstwertgefühl wichtig, zu spüren: Ich bin wertvoll – unabhängig davon, ob ich etwas leiste. Ich bin geliebt, weil ich ich bin, sogar dann, wenn ich versagt habe. Diese Ermutigung ist ein Fundament – auch für frustrierende Erfahrungen.

Auf der anderen Seite brauchen Kinder auch das Gefühl: Ich kann was! Ich habe etwas Wichtiges beizusteuern zu unserer Familie, in meinem Freundeskreis, im Kindergarten oder der Schule. Das spüren sie, wenn wir sie konkret loben und anerkennen, wenn sie etwas gut können.

Alle Achtung ...

Eingebettet in eine ermutigende, zugewandte Haltung hat auch *korrigierendes Eingreifen* seinen Platz. Respekt soll keine Einbahnstraße bleiben, in der Eltern sich rücksichtsvoll verhalten und Kinder sich gehen lassen wie der sprichwörtliche Elefant im Porzellanladen. Vor hundert Jahren war Respekt oft ein Hinderungsgrund dafür, dass zwischen Eltern und Kindern Vertrautheit wachsen konnte. Heute ist Respektlosigkeit oft ein Hinderungsgrund dafür, dass ein beziehungsfördernder Umgangston zwischen Eltern und Kindern herrscht. Emotionale Kompetenz erfordert Gegenseitigkeit im Hinblick auf Akzeptanz und Respekt, mit denen Menschen sich begegnen.

Kinder sollen lernen, andere Menschen – und dazu gehören auch ihre Eltern – zu respektieren.

Lilly (6) hat viele Freiheiten. Ihre Eltern lieben sie und wollen ihr die besten Möglichkeiten zur Verfügung stellen. Wenn ihre Lieblingskleidung in der Wäsche ist und sie eine Hose anziehen soll, die ihr nicht gefällt, beschimpft sie ihre Mutter: „Du bist eine blöde Kuh!" Die Mutter sieht sie an und antwortet: „Ich habe dich lieb!" Die Schimpfwörter, die Lilly benutzt, um ihren Missmut auszudrücken, werden dadurch nicht weniger. Ihre Mutter fühlt sich durch die Erziehung zunehmend erschöpft und ist froh, wenn ihr Kind so selten wie möglich zu Hause ist.

So wichtig es ist, dass Kinder sich geliebt wissen, es ist nicht das Einzige, was sie brauchen. Eltern, die sich selbst ernst nehmen, lassen sich von ihren Kindern keine Beleidigungen an den Kopf werfen, sondern zeigen Grenzen auf: „Ich möchte nicht, dass du so mit mir redest." Achten Sie darauf, dass Ihr Tonfall nicht von Wut, sondern von Respekt geprägt ist – gegenüber sich selbst und gegenüber Ihrem Kind. Mal genügen ernste Worte und kurze Erklärungen, ein anderes Mal brauchen Kinder nachvollziehbare Konsequenzen (aber nur solche, die Sie auch bereit sind, umzusetzen und durchzusetzen), damit sie spüren: Mein Verhalten war nicht akzeptabel.

Zwei Familien sitzen miteinander im Restaurant. Madeleine möchte, dass ihr Sohn Carlos (8) auch etwas vom Salat isst. Carlos weigert sich, protestiert und beschimpft seine Mutter. Madeleine geht daraufhin mit ihm vor die Tür, um mit ihm allein reden zu können. So hat er keine „Bühne" für sein „Theater" und er wird nicht vor anderen bloßgestellt. Die Mutter sieht ihm in die Augen, legt ihm die Hand auf die Schulter, und sagt entschieden: „Ich möchte nicht, dass du so mit mir redest. Du kennst unsere Familienregel bezüglich Salat und musst dich hier nicht so aufführen. Entweder du kannst dich jetzt besser benehmen oder ich bringe dich zu Oma und kehre ohne dich wieder hier ins Restaurant zurück. Ich will mir jedenfalls den Restaurant-Besuch von dir nicht verderben lassen."

Auch der Respekt gegenüber anderen Erwachsenen und Kindern muss hier und da über korrigierendes Eingreifen der Eltern eingeübt werden. Etwa: „Du hast jetzt Besuch, da kannst du dich nicht einfach in dein Zimmer zurückziehen, schmollen und deine Freundin hier allein sitzen lassen. Ich erwarte, dass du dich bei deiner Freundin für dein Verhalten entschuldigst."

Es ist völlig normal und nicht „böse", „bockig" oder „gemein", dass Kinder ausprobieren, wie weit sie gehen können. Es liegt einfach daran, dass sie Kinder sind, und ist nicht gut oder schlecht. Schlecht wäre nur, wenn Eltern nicht eingreifen. Dann fehlen den Kindern Halt und Orientierung, sie werden verunsichert und benehmen sich immer mehr daneben. Und Eltern, die sich ständig „auf der Nase herumtanzen" lassen, brennen aus. Mit der Folge dass sie ihren Kindern dann erst recht nicht mehr die Liebe, Ermutigung und Korrektur geben können, die ihnen guttut.

Fehlermachen erlaubt

Im Film *Apollo 13* befindet sich das Astronauten-Team einer Mondmission in akuter Lebensgefahr. Unter immensem Zeitdruck muss im Kontrollzentrum in Houston eine Lösung gefunden werden, um die drei Männer zu retten. Dafür schwitzt ein anderer erfahrener Astronaut im Simulator. Er findet unzählige Wege, wie es nicht gelingt, aber schließlich stößt er auf die Lösung und rettet damit Menschenleben. Ohne eine Menge Fehler hätte er sein Ziel nicht erreicht.

Wo gehobelt wird, fallen Späne. Wer kann schon Schlittschuhlaufen lernen, ohne hinzufallen? Menschen, die etwas wagen, die sich engagieren und vorankommen wollen, machen Fehler. Fehler sind keine Katastrophe, sondern unverzichtbarer Bestandteil jedes Entwicklungsweges. Wer sich nicht traut, Fehler zu machen, dem sind zahllose Entwicklungsmöglichkeiten genommen. Kinder, die in einer Atmosphäre von Perfektionismus leben und das Gefühl vermittelt bekommen, sie dürften keine Fehler machen, entwickeln sich schlechter als Kinder, auf deren Fehler ihre Umwelt entspannt reagiert.

Das *Erste*, was Eltern tun können, um einen guten Umgang mit Fehlern in der Familie zu kultivieren, ist, *zu ihren eigenen Fehlern zu stehen*. Haben Sie vielleicht die Selbstbeherrschung verloren und sind laut geworden? Haben Sie Ihrem Kind einen ungerechten Vorwurf gemacht? Dann entschuldigen Sie sich bei Ihrem Kind und arbeiten Sie daran, dass es Ihnen beim nächsten Mal gelingt, mit einer Konfliktsituation besser umzugehen. Ist Ihnen – z. B. bei Reparaturarbeiten im Haus – etwas misslungen, haben Sie einen Schaden angerichtet? Dann verstecken Sie Ihr Versagen nicht vor Ihren Kindern. Sie müssen nicht perfekt sein, damit Ihre Kinder Respekt vor Ihnen haben können – im Gegenteil. Lassen Sie sie mitbekommen, wie Sie den Schaden wiedergutmachen, und packen Sie die nächste Herausforderung an. Das wird Achtung vor Ihrer Ehrlichkeit und Ihrer Beharrlichkeit wachsen lassen.

> *Wer keine Fehler machen darf, kann auch nicht aus ihnen lernen.*

Auf *Fehler, die Kindern unterlaufen*, reagieren Eltern am besten möglichst gelassen und barmherzig. Und wenn das nicht gelingt? Wenn ich vielleicht selbst überkritisch bin, weil eigene Fehler in der Kindheit „schlimm" waren und bestraft wurden? Es gibt eine gute Nachricht: Gelassenheit kann man einüben.

Barmherzig, großzügig zu reagieren bedeutet nicht, dass Kinder verwöhnt werden und Erwachsene immer für sie die „Kohlen aus dem Feuer holen". Es bedeutet, dass Kinder ermutigt werden, den Kopf nicht hängen zu lassen. Haben Sie die Größe, über lustige Situationen zu lachen, auch wenn etwas kaputtgegangen ist. Seien Sie dankbar, dass nichts Schlimmeres passiert ist, dass z. B. nur die Glastür kaputt und nicht auch das Kind verletzt ist. Üben Sie, Gelassenheit in Worte zu fassen: „Fehler gehören zum Leben – beim nächsten Mal klappt's besser." – „Der Unterschied zwischen dummen und klugen Menschen besteht darin: Dumme machen immer wieder dieselben Fehler, kluge machen immer wieder neue." So kann der Verstand dem Gefühl auf die Sprünge helfen.

Wenn Ihr Kind einen Fehler gemacht hat, geben Sie ihm die Möglichkeit, entstandenen Schaden so weit wie möglich selbst wiedergutzumachen. Da kann es schlicht um Saubermachen gehen oder darum, um Verzeihung zu bitten. Wenn der Fehler finanzielle Folgen hat, kann unter Umständen ein Beitrag vom Taschengeld sinnvoll sein. Kinder haben oft ein feines Gespür für Gerechtigkeit und Ausgleich (was nicht heißt, dass das Prozedere immer ohne Wutanfall vonstatten geht).

Wenn Ihr Kind selbst etwas dazu beiträgt, um einen eigenen Fehler aus der Welt zu schaffen, erlebt es dadurch eine Stärkung seines Selbstwertgefühls. Wenn Eltern immer die scheinbar Perfekten sind, die alles wieder geradebiegen, kann das ihre Sprösslinge kleinmachen und deprimieren. Nachdem das Problem gelöst ist, können Sie auch mal im Gespräch (ohne moralische Wertung) nachhaken: „Was hast du daraus gelernt?" Aber oft genug „spricht" die Situation an sich „laut" genug für sich selbst. Dann kann es angebrachter sein, das Kind tröstend zu begleiten, anstatt mit Nachfragen noch „in der Wunde zu stochern".

Fehler als Falltraining

Vor Jahren lernte ich bei einem Kletterkurs, im „Vorstieg" zu klettern. Das heißt, das Sicherungsseil wird nicht durch einen Ring oben am Kletterfelsen gezogen, um den Kletterer von oben her zu halten, sondern es ist höchstens so hoch wie der Kletternde. Immer wieder muss er das Seil ein Stück weiter oben am Felsen befestigen. Und jedes Mal, wenn er über diesen Punkt hinaus geklettert ist, würde er im Falle eines Ausrutschers ein paar Meter fallen, bevor das Seil ihn hält. In diesem Fall müsste er sich mutig vom Felsen abstoßen und der sichernden Person wie dem Seil vertrauen. Natürlich ist es besser, gar nicht abzurutschen und das Sicherungsseil gar nicht nötig zu haben. Aber der Ernstfall wird jedem Kletterer irgendwann passieren und sollte daher eingeübt werden. Also ging unsere Kletterlehrerin mit uns an einen überhängenden Felsen, um das Fallen zu üben. Zwei Meter unter der Felskante, auf der ich mich zitternd festklammerte, war die Sicherung befestigt. Als ich mich schließlich losließ, hatte ich den Eindruck, ich hätte ein großes schwarzes Loch im Bauch ... Aber das Aufgefangen-Werden war ein gigantisches Gefühl.

Dieses Falltraining hat mich später beim Klettern im Vorstieg freier werden lassen. Im wirklichen Leben sind Fehler wie dieses Fallen ins Seil. Keiner wünscht sich, am Felsen abzurutschen, aber wer fallen kann und gesichert ist, kann viel freier klettern. Wer Fehler durchgestanden und erlebt hat, dass sie seinen Erfahrungsschatz bereichern, kann unbeschwerter leben und sich etwas trauen. Wer keine Angst vor Fehlern hat, kann Neues wagen und Entscheidungen treffen.

Wer Fehler durchgestanden und erlebt hat, dass sie seinen Erfahrungsschatz bereichern, kann unbeschwerter leben und sich etwas trauen.

8 Gefühle als Freunde und Helfer

Wir hatten ein Teamtreffen, um eine große Veranstaltung zu planen. Den ganzen Abend hing Spannung in der Luft. Ich wusste nicht, warum, aber alles, was die anderen sagten, löste in mir negative Gefühle aus. Erst als ich spät am Abend bei einer Tasse Tee den Tag nachklingen ließ, wurde mir klar: Ein kurzer Satz am Rand des Treffens hatte mich verletzt. Es war ein versteckt ausgesprochener Vorwurf, der einen wunden Punkt bei mir getroffen hatte. Ich fühlte mich so, als müsste ich mich verteidigen, wusste aber gar nicht, gegen was. Als ich das Gefühl wahrgenommen hatte, konnte ich sortieren, was mein Problem war, und daran arbeiten. Ich konnte das, was in der Verantwortung der anderen Person war, auch dort lassen. Schließlich konnte ich mich entschuldigen, wo ich mich aufgrund meiner Stimmungslage unfreundlich verhalten hatte.

Die schöne, schwere Sprache der Gefühle lernen

Emotionale Kompetenz beinhaltet, dass ein Mensch aufmerksam und feinfühlig wird für seine eigenen Gefühle und die seiner Mitmenschen. Die Sprache der Gefühle müssen Kinder im Vorschul- und Grundschulalter aber erst erlernen. Sie spüren zwar ein Gefühl, können es aber in der Regel noch nicht benennen oder gar verstehen. Nicht selten werden sie davon geradezu überschwemmt.

Oft reagieren Kinder widerspenstig, wenn sie von Gefühlen überflutet werden. Stillere ziehen sich ins Schweigen zurück, temperamentvollere gehen aus sich heraus und inszenieren einen Wutausbruch, treten gegen Tische und Schränke oder provozieren Streit mit den Geschwistern. Wie können Eltern sich in einer solchen Situation hilfreich verhalten?

1. Das Erste, was Sie tun können: Schätzen Sie die Situation ein und begrenzen Sie das Verhalten Ihres Kindes auf ein Maß, bei dem nie-

mand zu Schaden kommt. Das sollte beherzt und mit klarer Konsequenz geschehen. Wenn z. B. ein Kind um sich schlägt, kann es hilfreich sein, es so lange umarmend festzuhalten, bis es zur Ruhe kommt, und ihm damit Begrenzung und Geborgenheit zu geben.

2. Ein Zweites: Erspüren Sie das Grundgefühl Ihres Kindes. Wenn Sie selbst in der Wahrnehmung von Gefühlen einigermaßen geschult sind, werden Sie oft noch früher als Ihr Kind spüren, welches Gefühl hier zum Vorschein kommt. Mit etwas Übung und bewusster Aufmerksamkeit für Zwischentöne können Sie einschätzen, wann ein Anfall von Bockigkeit auf Enttäuschung, auf einen Machtkampf oder einfach auf Müdigkeit zurückzuführen ist. Mal ist es eine kleine Bemerkung und es wird klar, dass das Kind verletzt wurde. Mal machen Eltern ein Lösungsangebot und spüren: Hier geht es um einen Machtkampf. Wenn wir einüben, die Gefühle unserer Kinder wahrzunehmen, können wir ihnen helfen, selbst einen Zugang zu ihren Empfindungen zu gewinnen.

3. Bieten Sie Deutungen an – etwa durch Fragen: „Habt ihr euch im Kindergarten gestritten?" – „Ist heute etwas schiefgelaufen?" – „Macht dir etwas Kummer?"

Die Antwort der Kinder lautet sehr oft Nein, weil sie ihre Empfindungen gerade nicht einordnen können. Aber dennoch hat die Frage eine Möglichkeit eröffnet. Und vielleicht lernen die Kinder sogar das Fragen der Eltern zu schätzen – wie Frauke. Sie fing irgendwann an, wenn ihr etwas querlag, ihre Mutter zu bitten: „Mama, du sollst mich fragen, was los ist." Das Nachfragen und die Vermutungen ihrer Mutter halfen ihr, sich selbst klar zu werden, warum das Leben gerade grau aussah.

Falls Ihr Kind zu denen gehört, die bei Fragen „zumachen", dann ist es vielleicht gut, wenn Sie nur eine Frage stellen und dann abwarten. Oder gar nicht gezielt nachfragen, sondern über etwas anderes reden oder einfach schweigen. Wenn Ihr Kind irgendwann von sich aus anfängt, zu erzählen, können Sie ihm im Gespräch Deutungen anbieten und Verständnis signalisieren.

4. Bieten Sie Hilfen, damit Ihr Kind sich selbst versteht. Reden Sie über Gefühle – nicht nur in „schwierigen" Situationen.

„Heute ist mir bei der Arbeit etwas richtig gut gelungen. Ich fühle mich ganz beflügelt." – „Als das Fahrrad einen Platten bekam, weil Scherben auf dem Radweg lagen, habe ich mich unheimlich geärgert." – „Ich glaube, ich brauche gerade etwas Musik, die mich aufheitert." Sätze wie diese können zum Alltag gehören.

Oder bringen Sie bewusst die Emotionen Ihrer Kinder ins Gespräch: „Na, du bist heute ja richtig gut gelaunt! Warum bist du heute so fröhlich? Wie fühlt sich das an? Wo sitzt denn deine Freude?" – „Ich glaube, du hast heute einen richtigen Zorn in dir, stimmt's? Magst du mir sagen, warum? Und was, meinst du, könnten wir tun, damit er verschwindet?"

Indem Eltern selbstverständlich Gefühle benennen, helfen sie ihren Kindern, wahrzunehmen, was gerade „mit ihnen los ist". Nebenbei vermitteln sie, dass zum Ausdruck gebrachte Freude, Begeisterung oder Zuneigung das Leben bereichern und dass es okay ist, wütend, frustriert, traurig oder ärgerlich zu sein.

> Die 3-jährige Merle hat ein Buch geschenkt bekommen mit dem Titel: „Die Welt meiner Gefühle". Es erzählt Geschichten rund um Emotionen von Kindern. Einmal bekommt ein Mädchen einen Wutanfall, den sie bewältigt, indem sie einen Sitzsack traktiert. Merle liebt diese Geschichte und will sie immer wieder vorgelesen bekommen. Irgendwann in den folgenden Tagen hat sie selbst einen Wutanfall und sagt später mit Stolz in der Stimme: „Merle, war ich wütend!" Durch die Geschichte hat sie gelernt, ihr eigenes Gefühl zu benennen.

5. Schließlich können Sie auch direkt mit Ihrem Verhalten auf das Gefühl eingehen, das Sie hinter dem Verhalten des Kindes vermuten.

Wenn Sie Traurigkeit ahnen, dann können Sie Trost anbieten, wenn Sie einen Machtkampf wittern, können Sie versuchen, ihn zu umgehen, oder sich in gelassener Konsequenz üben. An der weiteren Entwicklung der Situation erleben Sie, ob Ihre Vermutung richtig war, und können gegebenenfalls Ihr Verhalten anpassen. Die Sprache der Emotionen verstehen und gut mit ihr umgehen zu lernen ist ein langwieriger Trainingsprozess, bei dem Kinder geduldige Begleitung brauchen.

Gefühlswirrwarr durchschauen

Sie kommen müde von der Arbeit nach Hause. Ihr Partner reagiert auf alles, was Sie sagen, gereizt. Ihre Tochter weint aus einem Grund, den Sie nicht nachvollziehen können. Ihr Sohn knallt die Tür und dreht die Musik auf.

Jede Familie kennt solche „Chaoszeiten". Kaum kommen wir in einem Lebensbereich in etwas ruhigeres Fahrwasser, baut sich an anderer Stelle ein „Gefühls-Tsunami" auf. Besonders kraftraubend ist es, wenn wir selbst oder die Menschen um uns herum mutlos, angespannt, frustriert oder einfach genervt sind, wir aber nicht genau wissen, warum eigentlich. Wenn wir aber annähernd verstehen können, was los ist, lässt uns das Kraft zuwachsen und hilft uns, Wege zu finden, auch unsere Kinder gut durch ihr Gefühlswirrwarr zu begleiten.

Oft hilft es mir nach einem frustrierenden Tag, wenn ich mir gemeinsam mit meinem Mann Zeit nehme, die Ereignisse noch einmal an mir vorbeiziehen zu lassen, um zu durchschauen, wie sich die Dinge hochgeschaukelt haben. Einmal ringt meine Tochter mit allen Mitteln um Aufmerksamkeit, vielleicht sogar zu Recht, weil ich zu sehr mit anderem beschäftigt bin. Ein anderes Mal hat sie sensibler als ich die Anspannung einer Situation gefühlt und zum Ausdruck gebracht. Oder mir wird bewusst: Eines unserer Kinder steckt in einer inneren und äußeren Umbruchphase mit großen Veränderungen. Deshalb ist es so unausgeglichen.

Zeit, die Sie investieren, um Ordnung in ein Gefühlschaos zu bringen, ist gut investierte Zeit.

Verstehen ermöglicht Gelassenheit. Wer gelassen ist, kann besser hinhören, bevor er reagiert. Das macht es auch unseren Kindern leichter, ihre Gefühle zu benennen. Da sagt eine 4-Jährige: „Ich weiß gar nicht, was mit meinem Kopf los ist, der will nur noch weinen."

Und mit einem Mal ist die Spannung wie weggeblasen. Oder aus dem allabendlichen Machtkampf um die Bettruhe ist plötzlich der Druck raus, weil die Mutter sich einen Moment an die Bettkante setzt und der Sohn aus tiefstem Herzen seufzt: „Ich kann einfach nicht einschlafen."

Der Wille zum Verstehen nimmt Vorurteil und Vorwurf aus einer möglicherweise angespannten Situation. Das gelingt im akuten Konfliktfall längst nicht immer, weil der Stresspegel hoch ist. Aber wenn Sie sich kritische Situationen im Nachhinein verstehend erschließen, trainieren Sie damit auch Ihre Wahrnehmung für akute Gefühlsausbrüche in der Zukunft.

Gefühle dienen uns und unseren Beziehungen

Marinas 4-jähriger Sohn hatte einen Freund zu Besuch, aber irgendwie fanden die beiden nicht ins Spiel. Also ließ sie sich überreden, mit ihnen auf den Spielplatz zu gehen. Zu Hause blieb die Hausarbeit liegen, die sie sich eigentlich vorgenommen hatte. Ihr Sohn war trotz Spielplatz den ganzen Nachmittag schlecht gelaunt. Als sein Freund abgeholt worden war, meckerte er am Abendessen herum und weigerte sich, aufzuräumen. Da verlor Marina die Nerven und schrie ihren Sohn an.

Als sie abends über den Verlauf des Tages nachdenkt, wird ihr klar: Sie hatte sich nach einem beruflich anstrengenden Vormittag zu viel zugemutet. Sie hatte ihrem Sohn zuliebe ihre eigenen Pläne über den Haufen geworfen und stand nun abends frustriert in der Küche, um die Hausarbeit nachzuholen. Mit ihrem Wutausbruch hat sie ihren Sohn entmutigt. Das war nicht Sinn der Sache. Der Sinn ihres Ärgers wäre der gewesen, dass sie früher ihre eigenen Bedürfnisse wahrnimmt und ihrem Sohn Grenzen setzt, um selbst mit sich im Reinen zu sein.

Gefühle sind einerseits dazu da, der eigenen Person Raum zu schaffen und die eigene Integrität zu schützen. Gefühle drängen nach außen. Sie wollen freudig ausgedrückt werden oder sie helfen uns, Schwieriges zu verarbeiten, zu bewältigen oder zu verändern.

Gefühle haben oft eine wichtige Botschaft für den Menschen, der sie empfindet, selbst (Marina hat sich zu viel zugemutet) und andererseits für das Miteinander (Marinas Sohn hätte eine klarere Aussage von seiner Mutter gebraucht, wo ihre berechtigte Grenze ist). Mit jedem respektvoll und authentisch geäußerten Gefühl kehre ich ein Stück meiner selbst nach außen, lasse den anderen meinem Herzen nahekommen. Wenn ich im Gegenzug auf seine Emotionen achte, dann üben wir gegenseitig ein, uns in den anderen einzufühlen. Auf diesem tief gehenden Verständnis baut die Gewissheit auf: Wir sind uns vertraut und wir halten zusammen.

> *Emotionen erfüllen dann ihren Sinn, wenn sie so geäußert werden, dass Menschen lernen, in stürmischen Zeiten nicht einander, sondern gemeinsam das Problem zu bekämpfen.*

Emotionen erfüllen dann ihren Sinn, wenn sie so geäußert werden, dass Familien lernen, in stürmischen Zeiten nicht einander, sondern gemeinsam das Problem zu bekämpfen. Das heißt ganz und gar nicht, dass es in einer emotional kompetenten Familie immer fröhlich und unbeschwert zugeht. Der Kinderpsychologe Wolfgang Bergmann bringt es auf den Punkt: *„Jede Kindheit, mag sie noch so glücklich verlaufen, steckt auch voller seelischer Probleme, Trauer, Ungeduld, Hoffnung und Hoffnungslosigkeit. Jede Kindheit braucht dieses Spektrum der Gefühle, und jedes dieser Gefühle kann erst dann wirklich zum Reifen des kindlichen Ich beitragen, wenn es zum Ausdruck gebracht worden ist."* [6]

Auch unerwünschte Gefühle haben ihren Wert

Geteilte Freude ist doppelte Freude. Es gehört wohl zum Schönsten an der Eltern-Aufgabe, sich von der Freudefähigkeit der eigenen Kinder anstecken zu lassen.

Wann hat die Freude Ihrer Kinder in letzter Zeit in Ihrem Herzen „die Sonne aufgehen lassen"?

Wann wurden Sie mit Lachen angesteckt?

Wann hat die Begeisterung Ihres Kindes über etwas scheinbar Kleines Sie aus trüben Gedanken gerissen?

Gehen Sie über diese Momente nicht einfach hinweg, sondern

nehmen Sie sie bewusst wahr, reden Sie mit Ihrem Partner darüber.

Auf andere (Kinder-)Gefühle könnten Sie vielleicht gut und gerne verzichten: Wut, Enttäuschung, Trauer, Angst sind selten gern gesehene Gäste im Spektrum unserer Emotionen. Aber es gibt keinen Abkürzungsweg vorbei an negativ empfundenen Emotionen. Nur wer sich ihnen stellt, kann auch Freude erleben. Wer einen Teil seiner Gefühlswelt abspaltet, legt seiner ganzen Persönlichkeit Fesseln an.

Gefühle sind an sich nicht gut oder schlecht. Sie haben einen Sinn und oft eine Botschaft, die gehört und beachtet werden will. Bei den elementaren Körperempfindungen ist das ganz klar: Hunger verlangt nach Nahrung, Schmerz signalisiert, dass ich mir gerade schade, Frieren verlangt nach wärmerer Kleidung usw.

Glückliche Gefühle wie Freude, Begeisterung, Unbeschwertheit, Zuneigung, gesunder Stolz tragen ihren Sinn in sich und in ihren Auswirkungen. Sie machen unser Dasein lebenswert, helfen unserer Persönlichkeit zur Entfaltung, wecken Liebe zu uns selbst und anderen, bereichern und festigen unsere Beziehungen, beflügeln unser Tun, motivieren und belohnen für Anstrengungen.

Und dann gibt es die unerwünschten Gefühle, denen wir am liebsten aus dem Weg gehen: Wut, Trauer, Angst, Einsamkeit, Scham … Wir alle kennen Beispiele, wie scheinbar durch diese Empfindungen ein Leben freudlos, bedrückt, ja verbittert werden kann. Aber gerade in ihnen liegen Botschaften, die, wenn sie erkannt und umgesetzt werden, wirklich weiterhelfen können.

Wut, Zorn, Aggression

Wut, Zorn und Aggression haben im menschlichen Miteinander eine wichtige Funktion. Der Begriff Aggression kommt vom lateinischen Wort für „herangehen". Dieses Gefühl ist also eine Lebenskraft, die Menschen hilft, etwas anzugehen. Wut ist kein Zeichen von Bösartigkeit. Wut signalisiert uns, dass wir uns in einer Situation befinden, die wir so nicht wollen, an der wir etwas ändern sollten. Aggressive

Gefühle sind ein Zeichen dafür, dass jemand meine Grenzen überschritten hat. Wer die Botschaft dieser Empfindung in gesunder Weise umsetzt, der lässt nicht alles mit sich machen und sorgt so für sich. Wird ein Kind gehänselt, kann seine Wut ihm Kraft geben, laut nein zu sagen oder sich zu wehren.

Wutanfälle bei Kindern sind oft Ausdruck widerstrebender Emotionen im Kind. Vielleicht ist es schlicht frustriert, weil es etwas noch nicht kann, das es können möchte. Oder es ist ärgerlich, weil die Eltern sich zu Recht nicht von seinen Launen steuern lassen. Manchmal bekommen Kinder Wutanfälle, weil die Eltern ihnen zu wenig Halt und klare Grenzen geben. Aggressives Verhalten kann verstärkt werden, wenn Wutanfälle des Kindes „Erfolg haben", d.h. wenn Erwachsene sich dadurch manipulieren lassen und dem Wunsch des Kindes nachgeben.

Werden Sie zu Experten darin, die „Aggressionssprache" Ihres Kindes zu verstehen.

Vielleicht verhält ein Kind sich in einer Kindergruppe aggressiv, weil es sich nicht so richtig zugehörig fühlt und es nicht schafft, auf gute Weise Kontakt aufzunehmen. Nicht selten bringen Kinder auch als Symptomträger in einer Gemeinschaft von Menschen Aggressionen zum Ausdruck, die in der Gruppe da sind, aber von den Betreffenden nicht in gedeihlicher Weise gelebt werden.

Die Botschaft der aggressiven Gefühle

Was ist nun der Sinn oder die Botschaft der aggressiven Gefühle?

Sie wollen zum einen auf ein Problem aufmerksam machen, zum anderen stellen sie das Energiepotenzial bereit, das nötig ist, um etwas dagegen zu unternehmen.

So kann die Botschaft eines Wutanfalls etwa lauten: „Ich fühle mich überfordert." – „Ich fühle mich außen vor und möchte gern beachtet werden." – „Ich fühle mich bedrängt und zu irgendwas gezwungen." – „Ich fühle mich angegriffen." – „Ich fühle mich in meinem Willen begrenzt."

Fühlt ein Kind sich bedrängt oder angegriffen, hilft ihm seine Aggressionsenergie unmittelbar, sich zur Wehr zu setzen. Es ist gesund, wenn ein Kind auf den Boden stampft und die Hand des anderen Kindes wegschiebt mit den Worten: „Jetzt hör auf, mich an den Haaren zu ziehen!" oder: „Verzieh dich und mach unseren Schneemann nicht kaputt!" Ist ein Kind von der Situation selbst überfordert, kann seine Aggressionsenergie ihm Kraft geben, Hilfe zu organisieren, z. B. bei Streitigkeiten im Kindergarten die Erzieherin zu rufen.

Bei anderen Problemen kann die unmittelbar ausgelebte Aggressionsenergie auch kontraproduktiv sein. Wenn ein Kind sich außen vor fühlt und deshalb durch aggressives Verhalten Aufsehen erzwingt, wird es sich dadurch keine Freunde machen und das Gegenteil von dem erreichen, was es sich eigentlich wünscht.

Je jünger ein Kind ist, desto weniger kann es sich selbst klarmachen, welches Problem es gerade in Wut versetzt. Es braucht Eltern, die üben, die „Aggressionssprache" ihres Kindes zu verstehen. Und es braucht Begleitung darin, selbst das Problem zu erkennen und das durch die Wut freigesetzte Energiepotenzial fruchtbar zu nutzen bzw. aus der Wut herauszufinden.

Hendrik spielt auf dem Spielplatz hingebungsvoll an einer „Großbaustelle". Da kommt ein anderer Junge und schubst ihn. Hendrik dreht sich wütend um und schubst den Angreifer gleichfalls. Wenn der andere nun von Hendrik ablässt, weil er merkt, dass er mit ihm nicht alles machen kann, hat Hendriks Wut ihr Ziel erreicht. Allerdings kann das spontane Zurückschubsen auch zu einer bösen Keilerei ausufern. Darum können Hendriks Eltern ihm zu einer noch besseren Handhabung seiner Wut-Energie verhelfen, wenn sie ihm sagen und mit ihm einüben: „Das nächste Mal, wenn dich einer schlägt, schlage nicht einfach zurück. Das führt fast immer zum Streit. Sondern wehre dich mit Worten, z. B. ‚Stopp! Hör auf!' Das kannst du ruhig laut und wütend sagen, du kannst auch mit dem Fuß aufstampfen und, wenn es sein muss, die Hand des anderen wegschieben. Solltest du gegen einen Angreifer so nicht ankommen, hol dir Hilfe, z. B. mich oder in der Schule den Lehrer, der Pausen-Aufsicht hat."

Celina (2 3/4) ist die Jüngste in der Kindergartengruppe. Die Eingewöhnung verlief problemlos, aber nach einigen Wochen fängt sie an, sich auffällig zu benehmen. Sie nimmt den größeren Mädchen die Spielsachen weg, zerreißt ihre Bilder, zieht sie an den Haaren, tut oft einfach das Gegenteil von dem, was die Erzieherin sagt. Ihre Mutter holt sie jeden Tag ab mit dem flauen Gefühl im Magen: „Was hat sie heute wieder angestellt?" Auch konsequentes Verhalten der Erzieherin führt nur zu einer minimalen Besserung. Es bleibt nichts anderes übrig, als Celinas destruktives Verhalten zu begrenzen: Wenn sie Dinge zerstört oder andere Kinder angreift, muss sie die Spielgruppe verlassen und sich allein beschäftigen. Etwa ein Vierteljahr später tritt eine wesentliche Besserung ein. Celina hat ihre Fähigkeiten erweitert, darf und kann bei den älteren Mädchen jetzt oft mitspielen und ist nicht mehr so abhängig davon, dass ihr geholfen wird. Im Nachhinein wird klar: Ihre Rolle als Jüngste unter vielen 4- und 5-jährigen Kindern gab ihr das Gefühl, nicht dazuzugehören. Sich mit den älteren Mädchen zu messen hat viel Frustration bei ihr entstehen lassen, die als aggressive Energie nach außen trat. Auch in diesem Fall hat das Gefühl auf ein Problem aufmerksam gemacht, allerdings war das aggressive Verhalten nicht zielführend für das eigentliche Problem.

Anton (8) ist wütend, weil seine Mutter darauf besteht, dass er zuerst die Schularbeiten erledigt und danach mit seinen Freunden Fußball spielt. Das Problem ist: Anton wird in dem begrenzt, was er unbedingt möchte. Zur Lösung hilft ihm allerdings seine aggressive Energie wenig – höchstens insofern er seine überschüssige Energie dafür nutzt, geistesgegenwärtig und zügig seine Hausaufgaben zu erledigen. Wichtig ist, dass seine Eltern nicht nachgeben, weil diese Grenze ihrem Sohn dient.

Manchmal ist der Auslöser eines Wutanfalls auch unveränderlich – wenn ein Kind sich zum Beispiel furchtbar ärgert, weil es regnet und der geplante Schwimmbadbesuch deswegen ausfällt. In beiden Fällen – wenn der Anlass unveränderbar ist oder wenn er in einer sinnvollen Grenzsetzung der Eltern besteht – müssen Kinder lernen, ihre aggressiven Gefühle so auszudrücken, dass niemand zu Schaden kommt, und einen Weg aus der Wut herauszufinden.

Eltern können ihnen dabei helfen, indem sie signalisieren: „Ich verstehe, dass du enttäuscht bist. Ich wäre auch lieber ins Schwimmbad gegangen. Wirklich traurig, dass das heute nicht geht." Oder: „Ja, natürlich macht Fußballspielen mehr Spaß. Aber das wartet ja noch auf dich, wenn deine Hausaufgaben erledigt sind."

Sie müssen also über Wutanfälle Ihrer Kinder nicht schockiert sein. Lassen Sie sich durch sie nicht davon abhalten, sinnvolle Grenzen zu setzen.

Ersparen Sie Ihren Kindern das Erleben zorniger Gefühle nicht. Und erliegen Sie nicht der Versuchung, falschen Trost zu spenden. Helfen Sie Ihrem Kind vielmehr, negative Gefühle auszuhalten, indem Sie signalisieren, dass es normal ist, sie zu empfinden. Wenn Gefühle akzeptiert sind, nimmt das viel Druck aus der Situation. Meist dauert dann der Wutanfall nicht mehr lange.

Trauer

Wenn Probleme, an denen ich nichts ändern kann, Wut erzeugen, ist es heilsam, wenn die Wut nach und nach in *Trauer* umgewandelt werden kann. Denn Traurigkeit ist das Gefühl, mit dem wir die Erfahrung bewältigen können, dass wir etwas unwiederbringlich verloren haben oder dass wir etwas loslassen müssen, weil wir es nicht ändern können.

> Sven kommt „geladen" aus der Schule nach Hause, wirft seinen Ranzen in die Ecke, mault seine Mutter an und piesackt die kleine Schwester. „Was ist denn los?", fragt die Mutter. „Nichts!", schallt es zurück und dann verzieht Sven sich in den Keller, um Schlagzeug zu spielen. Erst abends beim Gute-Nacht-Sagen erwähnt er nebenbei: „Sport ist bescheuert. Ich hasse Sport!" Und die Mutter ahnt, dass ihn der Frust über seine Unsportlichkeit wieder einmal eingeholt hat. „Lahme Ente haben sie mich beim 100-m-Lauf genannt."
>
> Hier hilft ein Gesprächspartner, der signalisiert: „Ich kann deine Wut gut verstehen und auch, dass es schwer ist, wenn die anderen dich deine Unsportlichkeit auch noch spüren lassen. Jeder Mensch hat wunde Punkte, an denen er leidet. Bei dir ist es die Unsportlichkeit. Aber ich habe dich so lieb wie du bist. Und ich finde es großartig, welche Fort-

schritte du schon beim Schlagzeugspielen gemacht hast. Wann habt ihr eure nächste Bandprobe?"

Wut, die nicht dazu dienen kann, ein Problem zu lösen, staut sich an. Wenn diese „Staumauer" an einzelnen Punkten vorsichtig „geöffnet" wird, z.B. durch ein einfühlsames Gespräch, durch Wertschätzung und Liebe, dann kann der Druck nachlassen und das, was immer noch wehtut, auch wenn die Wut sich gelegt hat, betrauert werden.

Traurigkeit hilft uns, die Erfahrung zu bewältigen, dass wir etwas unwiederbringlich verloren haben oder dass wir etwas loslassen müssen, weil wir es nicht ändern können.

Schmerz und seine trauernde Verarbeitung gehören zum Leben – auch schon bei Kindern. Darum ist es okay und sogar gut, wenn Kinder einfach mal traurig sind und diese *Traurigkeit* zum Ausdruck bringen. Mal sind es harmlosere Anlässe wie ein Streit mit der besten Freundin, ein verlorenes Spiel oder ein Wunsch, der sich nicht erfüllt. Mal ist es ein schwerwiegender Verlust – weil der innig geliebte Hamster stirbt, weil die beste Freundin wegzieht. Mal fühlt ein Kind sich verletzt durch einen Vorfall in der Schule oder ungerecht behandelt durch einen Konflikt in der Familie. Vielleicht trauert ein Kind über ein Erlebnis, das Angst ausgelöst hat. Auch Krankheiten können von großer Traurigkeit begleitet sein. Vielleicht will das Kind einfach mal weinen und kann gar nicht erklären, warum.

Eltern, die einfühlsam die Trauer ihrer Kinder „in Empfang nehmen", helfen ihnen, ihren Kummer zu bewältigen. Manche Kinder lassen sich gern mal in den Arm nehmen, um sich auszuweinen. Andere provozieren vielleicht einen Konflikt und weinen dann scheinbar aus Wut, aber in der Tiefe ihrer Seele verarbeiten sie damit den Verlust. Wieder andere brauchen Raum und Erlaubnis zum Rückzug und In-sich-gekehrt-Sein.

Der Weg aus der Trauer heraus führt immer durch die Trauer hindurch. Lassen Sie Ihre Kinder über Schmerz, den sie empfinden, weinen. (Ja, auch Ihre Jungs!) Vermitteln Sie: Tränen müssen manchmal sein. Tränen sind nicht schlimm, sondern eine ganz normale Reaktion auf eine schmerzhafte Erfahrung. Und: Wenn sie geweint sind, sind wir oft erleichtert.

Oft brauchen unsere Kinder gerade dann, wenn sie besonders kratzbürstig sind, im tiefsten Grunde Trost. Signalisieren Sie Ihrem Kind, dass Sie mit ihm mitfühlen und seinen Schmerz ernst nehmen. Selbst wenn es in Ihren Augen um eine Bagatelle geht – Schmerz ist immer so schlimm, wie ihn der Betroffene wahrnimmt. Reden Sie die Traurigkeit Ihrer Kinder nicht klein. Kinder, die echtes Verständnis erleben, können den Schmerz auf dem Weg der Traurigkeit „abfließen" lassen und werden wieder frei, sich zu freuen. Das Schöne ist: Bei Kindern kann es sehr schnell gehen, dass sie einen Kummer hinter sich lassen und sich wieder von Herzen auf Neues einlassen können.

Angst

Ein weiteres ungeliebtes Grundgefühl ist die *Angst*. Sie hat den Sinn, uns vor Gefahren zu warnen. So ist es z.B. angebracht, wenn wir Angst davor haben, aus einem Hochhaus zu springen. Wenn Angst dauerhaft durch Anlässe entsteht, die gar keine reale Gefahr beinhalten, dann ist die Angst selbst das Problem und muss unter Umständen therapiert werden. Das ist aber nicht die Regel.

Kindsein ist untrennbar mit Ängsten verbunden. Im Laufe ihrer Entwicklung sollen Kinder lernen, sich nur noch vor realen Gefahren zu fürchten. Auf dem Weg dahin ist es aber völlig normal, dass sie vor Dingen Angst haben, die einen Erwachsenen müde lächeln lassen – z.B. vor unbekannten Geräuschen in der Nacht. Was Ihr Kind dann braucht, ist die Sicherheit, die die Gegenwart eines Erwachsenen geben kann. Oft helfen schon beruhigende, erklärende, tröstende Worte und eine Umarmung, durch die Ihr Kind erfährt, dass es mit seiner Angst nicht allein ist.

Die – in den Augen von Eltern unbegründete oder übermäßige – Angst eines Kindes kann die Botschaft enthalten, dass Ihr Kind mehr Geborgenheit braucht und sich in irgendeinem Lebensbereich überfordert fühlt.

Manchmal haben Kinder deshalb vermehrt Ängste, weil sie eine spannende Entwicklungsphase durchleben. Dann brauchen sie es, dass ihre Eltern sie *aus*halten – ihnen Halt vermitteln, auch wenn ihr Ver*halten* anstrengend ist. Es kann sein, dass Kinder gerade dann nachts Albträume bekommen, wenn sie sich im Kindergarten eingelebt haben und es alltäglich wird, dass sie Zeit außerhalb der Familie verbringen. Manchmal werden Kinder deshalb wieder ängstlicher, weil ihre Wahrnehmung sich um ein großes Stück geweitet hat und sie Gefahren erkennen, die ihnen vorher nicht bewusst waren.

Kindsein ist untrennbar mit Ängsten verbunden. Kinder müssen im Lauf der Zeit lernen, sich nur noch vor realen Gefahren zu fürchten.

Wenn Kinder *Sorgen oder Ängste* haben, brauchen sie jemanden, dem sie sich anvertrauen können. Lassen Sie Ihr Kind spüren, dass es mit Kummer immer zu Ihnen kommen darf. Das nimmt den bedrückenden Gefühlen schon die Spitze. Wenn Ihr Kind sich verstanden fühlt, sieht es sich nicht mehr allein seinen Ängsten ausgesetzt.

Vielleicht braucht es aber auch Herausforderung, gepaart mit der Mut machenden Versicherung: „Ich weiß, du kannst das schaffen. Ich steh dir bei und unterstütze dich. Falls doch etwas schiefgeht, kriegen wir das gemeinsam wieder hin." Erfolgserlebnisse, bei denen ein Kind sich trotz seiner Furcht etwas getraut hat, lassen Mut und Selbstvertrauen wachsen. Wenn Sie spüren, dass so ein Wachstumsschritt dran ist, dann ermutigen Sie Ihr Kind, der Angst nicht nachzugeben, sondern sich ihr zu stellen und über sie hinauszuwachsen. Manches, das heute Angst auslöst, erledigt sich mit der Zeit von selbst – z.B. auf dem Spielplatz über eine Wackelbrücke gehen, ohne Mama in der Ballettgruppe bleiben oder an der Weihnachtsfeier etwas vor vielen Zuhörern vortragen.

Aber es gibt auch Angst auslösende Punkte, die nicht umgangen werden können, ohne dass das Leben eingeengt würde. Ein Kind, das nicht lernt, die Angst vor Situationen zu überwinden, in denen die Eltern nicht da sind, wird nicht lebenstüchtig werden. Ein Schüler, der sich nicht traut, sich im Unterricht zu Wort zu melden, wird es in seiner Schullaufbahn unnötig schwer haben. Ein Kind, das sich nicht traut, auf andere Kinder zuzugehen, um mit ihnen zu spielen, hat große Probleme, Freundschaften zu knüpfen.

Je nach Anlass kann es Kindern helfen, wenn Eltern ihre Nähe anbieten: „Ich bin da – du schaffst das!" Oder Sie überlegen gemeinsam mit dem Kind Strategien, wie es sich einer Angst machenden Situation stellen kann, z. B. indem der große Schritt „Allein in einer Gruppe bleiben" in viele kleine Teilschritte zerlegt wird.

Mit Gefühlen Freundschaft schließen

Wer will schon gerne wütend oder ängstlich oder traurig sein? Es gibt Gefühle, die gesellschaftlich und persönlich unerwünscht sind. Aber das schafft sie nicht einfach aus der Welt.

Zunächst einmal ist es gut, sich bewusst zu machen: Ein Gefühl ist keine Sünde. Sünde bedeutet wörtlich Zielverfehlung. Wenn eine Emotion dazu führt, dass ein Mensch sich und anderen schadet, dann hat sie eindeutig ihr Ziel verfehlt. Das Problem liegt dann nicht in dem Gefühl, sondern in der Weise, wie jemand aus dem Gefühl heraus handelt, oder darin, dass es möglicherweise fehlgeleitet wurde, wenn z. B. aus berechtigten aggressiven Gefühlen zerstörerischer Hass geworden ist. Gefühle an sich dürfen sein. Und es gibt zu jedem ursprünglichen Gefühl – auch wenn es noch so unangenehm empfunden wird – eine angemessene Art, es auszuleben.

> Sarah (4) ist bitter enttäuscht, weil ihre Freundin sie nicht zum Geburtstag eingeladen hat. Wenn sie daraufhin zu dieser Freundin im Kindergarten gemein wäre, wäre das eine schädliche Art, ihr Gefühl auszuleben, die zu Streit und Unfreundlichkeiten führt. Hilfreicher ist es, wenn ihre Eltern auf Sarahs Schmerz mit Verständnis und Trost reagieren und ihr Mut machen, der Freundin zu sagen: „Ich bin traurig, dass du mich nicht zu deinem Geburtstag eingeladen hast."

> Clemens (10) hat so große Angst vor dem Deutschaufsatz, dass er am Abend zuvor Bauchschmerzen hat. Eine falsche Art, dieses Gefühl auszuleben, wäre es, wenn die Eltern ihm eine Entschuldigung schreiben, damit er sich um den Deutschaufsatz drücken kann. Dann würde die

Angst vor dem nächsten Aufsatz nur noch größer. Hilfreich ist es, wenn Eltern behutsam und tröstend auf die Angst eingehen, zuhören, Unterstützung anbieten und vermitteln: Wenn es eine schlechte Note wird, ist das kein Weltuntergang.

Ein fruchtbarer Umgang mit Gefühlen kann nur dann gelingen, wenn sie zuvor bejaht werden. Damit Kinder das selbst lernen können, brauchen sie Eltern, die die Gefühle ihrer Kinder akzeptieren. Das ist nicht immer leicht – besonders, wenn unser Wonneproppen sich gerade alles andere als wonnig verhält.

Damit Kinder ihre eigenen Gefühle akzeptieren können, brauchen sie Eltern, die die Gefühle ihrer Kinder akzeptieren.

Manchmal hilft es, sich bewusst zu machen: Kinder müssen einfach mal dagegen sein. Das gehört zu ihrem Weg in die Eigenständigkeit. Wenn Kinder sich trauen, gegenüber ihren Eltern widerspenstige Gefühle und Ängste zu äußern, zeigt das, dass sie tiefes Vertrauen haben und nicht befürchten müssen, fallen gelassen zu werden.

Es gehört zu den seelischen Grundnahrungsmitteln, dass ein Kind erlebt: Meine Eltern schrecken auch vor meinen „dunklen" Gefühlen und schwierigen Seiten nicht zurück. Sie halten mich aus und halten zu mir, auch wenn ich mich heftig, ungeduldig, ungerecht oder lautstark äußere.

9 Kurs halten in Gefühlsstürmen

Hat irgendein anderer Mensch Sie schon jemals so zur Weißglut gebracht, wie Ihr eigenes Kind das vermag? Manchmal scheint es, als wüssten Kinder um einen unsichtbaren „roten Knopf" bei ihren Eltern, mit dem sie zuverlässig und schnell dafür sorgen können, dass diese innerlich „kochen" – und je nach Temperament auch mal „überkochen". Aber selbst wenn Kinder sich komplett danebenbenehmen – sie sind nicht verantwortlich für einen Wutanfall ihrer Eltern. Die Verantwortung für Gefühle liegt bei dem, der sie empfindet. Ein wichtiges Ziel emotionaler Entwicklung ist es, dass jeder zu seinen eigenen Gefühlen steht, sie niemandem „in die Schuhe schiebt" und nicht ungefiltert auf andere loslässt.

Gefühle sind kein Schicksal

Der amerikanische Psychologe Albert Ellis hat die Entstehung von Gefühlen mit der sogenannten ABC-Theorie übersichtlich erklärt.[7] Gefühle entstehen, so seine Hauptaussage, nicht als unmittelbare Folge von Ereignissen. So löst ein bellender Hund nicht zwangsläufig Angst aus – Menschen reagieren sehr unterschiedlich darauf. Unterschiedliche Menschen freuen sich aus sehr unterschiedlichen Gründen. Wie wir auf ein bestimmtes Ereignis gefühlsmäßig reagieren, dafür spielen die Persönlichkeit des Menschen, seine Erfahrungen und Gedanken, die in eine Bewertung einfließen, ebenfalls eine entscheidende Rolle. Das heißt: Am Anfang ist das auslösende Ereignis (A). Dazu kommt die Bewertung (B), die sich aus Erfahrungen, Annahmen und Lebenshaltungen speist. Und aus der Zusammenwirkung von Ereignis und Bewertung entsteht die emotionale Konsequenz (C), konkret das Gefühl und die Reaktion.

Auslösendes Ereignis (A) + Bewertung (B) = emotionale Konsequenz (C)

Wenn ein Kind im Schulsport von anderen ausgelacht wird, kann seine unbewusste Bewertung der Situation lauten: „Ich bin unsportlich und mache mich nur lächerlich." Möglicherweise wird es sich in Zukunft im Sportunterricht möglichst oft drücken oder destruktive Verhaltensweisen an den Tag legen. Ein anderes Kind reagiert damit, dass es sich erst recht anstrengt und Spitzenleistungen bringt, weil es das Selbstbild hat: „Ich bin sportlich. Ich werde es denen schon zeigen."

Menschen können also ihre Gefühle beeinflussen. Wie ein Kind Situationen bewusst und unbewusst bewertet, dabei ist ein bunter Cocktail aus verschiedenen „Zutaten" wirksam: das ererbte Temperament – ob eher intro- oder extrovertiert –, das eigene Selbstwertgefühl, konkrete Erfahrungen, z. B. damit, wie andere auf seine Gefühlsäußerungen reagieren, mögliche traumatische Erlebnisse ... all diese Faktoren spielen eine Rolle. Einerseits beeinflussen also Kinder selbst die Entstehung ihrer Gefühle. Aber auch die Eltern haben großen Einfluss darauf – denn ihre eigene Weise, mit Gefühlen umzugehen oder auf die Gefühle ihrer Kinder zu reagieren, bleibt nicht ohne Wirkung.

Immer wieder dieselbe Leier?
Verändern Sie Ihre Gefühle!

Typische Auseinandersetzungen in Familien sind selten „Eintagsfliegen". Meistens gibt es bestimmte Muster, die sich wie in einem unguten Kreislauf immer wieder abspielen.

„Immer wieder dieselbe Leier", denken Sie vielleicht. Eine Leier ist ein Vorgängerinstrument der heutigen Violine, sozusagen eine „Kurbelgeige". Die Kurbel dreht tatsächlich immer im selben Kreis und produziert damit die Töne. Aber man kann auf dieser Leier Melodien spielen. Verändern Sie doch im Familienleben mal die Melodie zum unausweichlichen „Kurbelradius". Sie haben zwei entscheidende Einflussmöglichkeiten: 1. die auslösende Situation und 2. Ihre Bewertung dieser Situation.

In jeder Familie gibt es „Risikosituationen", Zeiten, in denen immer wieder fruchtlose Konflikte entstehen. Das kann z. B. der frühe Abend sein, wenn Eltern und/oder Kinder müde nach Hause kommen. Das kann die Zeit vor dem Schlafengehen sein oder der eine Tag in der Woche, der mit besonders vielen Terminen überladen ist. Es können die Mahlzeiten sein oder die Hausaufgabenzeit.

Wenn Sie in Ihrer Familie solche Risikosituationen ausgemacht haben, können Sie nach Möglichkeiten suchen, etwas am vorhersehbaren Verlauf zu ändern. So kann es sich einschleichen, dass die Mutter mehr Verantwortung für die Hausaufgaben übernimmt als der Schüler selbst, und es kommt deswegen immer wieder zu Konflikten. Dann muss die Mutter lernen, diese Verantwortung loszulassen, und dem Sohn oder der Tochter vermitteln: Du lernst für dich! Wenn du keine Hausaufgaben machst, musst du mit den kurz- und langfristigen Folgen deines Tuns leben.

Ihr Kind muss nicht gerade dann lernen, sein Zimmer allein aufzuräumen, wenn die Stimmung in der Familie ohnehin angespannt ist.

Vielleicht ist es nötig, den Terminplan zu entschlacken. Vielleicht ist es möglich, sich in der stressigen Vorabendzeit gegenseitig bewusst Freiräume zu schaffen: Papa darf erst eine halbe Stunde in Ruhe zu Hause ankommen, sich die Tageszeitung und sein Lieblingsgetränk gönnen, bevor er für die Wünsche der Kinder in Anspruch genommen wird. Oder: Mama darf eine Runde joggen bzw. spazieren gehen. Statt beim Mittagessen einen Machtkampf darum auszufechten, wie viel Ihr Kind mindestens essen muss, ändern Sie doch die Strategie: Erlauben Sie, dass Kinder wenig essen, verbunden mit der Konsequenz, dass es zwischen Mittag- und Abendessen nur Obst und keinerlei Süßigkeiten gibt.

Zur Beeinflussung der Situation gehört auch, dass Eltern in solchen belasteten Zeiten keine großen erzieherischen Schritte forcieren. Jetzt ist nicht der Zeitpunkt dafür, z. B. Selbstständigkeit beim Anziehen oder beim Aufräumen des Zimmers zu trainieren. Wenn

Sie Ihre 5-jährige Tochter dazu auffordern, in Zukunft regelmäßig den Tisch zu decken, bedeutet es einen riesigen Unterschied, ob Sie einen gestresst-gereizten Unterton in der Stimme haben (dann ist der Machtkampf schon vorprogrammiert) oder ob Sie es in entspannter Gelassenheit sagen können (dann wird ein Kind in diesem Alter vermutlich gern helfen). Gehen Sie erzieherische Meilensteine, die geplant werden können, zu Zeiten an, in denen mehr Entspanntheit und Kraft zur Verfügung stehen. Das ist besser für die Nerven aller Beteiligten.

Auch in unplanbaren Erziehungsherausforderungen können Sie die Situation verändern: Gönnen Sie sich selbst eine Auszeit. Verlassen Sie in aufgeschaukelten Stresssituationen mal vorübergehend den Raum, um danach aus dem Abstand heraus gelassener handeln zu können.

Und wenn die Nerven durchgegangen sind? Wenn Sie Ihr Kind verletzt haben oder herabwürdigend mit ihm gesprochen haben? Entschuldigen Sie sich bei Ihrem Kind – und seien Sie barmherzig mit sich selbst. Es sind nicht die gelegentlichen Fehler, die Eltern machen, die sich Ihrem Kind einprägen; entscheidend ist vielmehr, welche Grundatmosphäre in der Familie herrscht. Für diese Grundatmosphäre ist es wertvoll, wenn nicht nur Kinder, sondern auch Eltern um Verzeihung bitten können.

Verändern Sie Ihre Bewertung

Nicht immer ist es möglich, eine konflikthaltige Situation zu verändern oder zu beeinflussen. In diesem Fall gibt es die Chance, an unserer Bewertung anzusetzen.

Beobachten Sie sich einmal selbst in einer klassischen Konfliktsituation. Welche inneren Bewertungen nehmen Sie vor? Welche inneren Tonbänder spulen Sie ab, wenn Ihr Kind einen Machtkampf provoziert?

„Das macht er mit Absicht ..."? – „Warum leben alle leicht zu handhabenden Kinder in anderen Familien ..."? – „Wenn ich mir das als Kind erlaubt hätte …"? „Ich sollte jetzt gelassen und weise genau wissen, was ich tun muss …"?

Nehmen Sie sich die Zeit, Ihren eigenen Bewertungen auf die Schliche zu kommen – denn nur so können Sie etwas daran ändern.

Einige klassische Bewertungsmuster sollten Sie unbedingt vermeiden bzw. durch andere Bewertungen ersetzen:

- *„Wenn es in der Familie Streit gibt, habe ich als Mutter oder Vater versagt."* *(Ich fühle mich schlecht.)*
- *„Kinder sollen den Anordnungen ihrer Eltern Folge leisten."* *(Ich werde zornig auf mein Kind.)*
- *„Wenn mein Kind aufsässig ist, ist es ‚unmöglich'."* *(Ich lehne mein Kind ab.)*
- *„In einer Familie sollte es immer harmonisch zugehen."* *(Ich empfinde vielleicht, dass mein Lebenstraum gescheitert ist.)*

Solche und ähnliche innere Bewertungen tragen wir oft unbemerkt mit uns herum. Sie erhöhen die emotionale Anspannung in Konfliktsituationen ganz erheblich.

Wenn Sie ähnliche Bewertungsmuster in sich entdecken, versuchen Sie, sie zu ersetzen. Etwa durch die folgenden:

- *„Konflikte sind normal und wir finden Wege, sie zu lösen."*
- *„Jeder ist mal überfordert, das ist nicht schlimm."*
- *„Wenn mein Kind quengelt oder nervt, hat es vielleicht ein Problem."*
- *„Kinder müssen nicht permanent brav sein. Sie dürfen sie selbst sein."*

Was wir nicht wiederholt praktizieren, geht im Alltag schnell wieder verloren. Was uns nicht ins Auge fällt, vergessen wir wieder. Darum ein ganz praktischer Tipp:

Pinnen Sie doch einen „Merksatz" für das, was Sie einüben wollen, an den Kühlschrank oder den Spiegel – z. B. eine hilfreiche Bewertung, die Sie sich bewusst machen wollen, oder folgendes Zitat: „Bevor Kinder Probleme machen, haben sie welche" (Gottfried Muntschick).

Wenn Sie in Risikosituationen auf Konflikte gefasst sind, können Sie entspannter reagieren, als wenn Sie sich jedes Mal wünschen, ein pflegeleichteres Kind zu haben. Finden Sie sich damit ab, dass z. B. am frühen Abend Spannungen leicht eskalieren oder dass kein Sonntag ohne Zoff vergeht. Vielleicht können Sie irgendwann darüber schmunzeln oder geradezu darauf warten – und sind dann positiv überrascht, wenn der erwartete Zoff ausbleibt.

Erinnern Sie sich? Verstehen ermöglicht Gelassenheit. In der Regel entspringt Fehlverhalten nicht der bewussten Absicht eines Kindes, seine Mitmenschen zu ärgern. Kinder erleben einfach Spannungen und Ungereimtheiten in sich, die sie nicht anders abbauen können, als sie nach außen zu bringen. Wenn Sie die Enttäuschung oder den Stress hinter der Wut Ihrer Sprösslinge sehen, nimmt das viel emotionalen Druck aus der Situation.

Verstehen ermöglicht Gelassenheit. Wenn Sie die Enttäuschung oder den Stress hinter der Wut Ihrer Sprösslinge sehen, nimmt das viel emotionalen Druck aus der Situation.

Verstehen Sie die Gefühlsausbrüche Ihrer Kinder nicht als persönlichen Angriff. Entdecken Sie, was dahintersteht: Hilflosigkeit oder Überforderung oder … Dann können Sie gelassener reagieren.

Arbeiten Sie daran, Ihrem Kind stets gute Absichten zu unterstellen. Das wird zunächst Ihre eigene gefühlsmäßige Reaktion auf problematische Situationen beeinflussen und entspannen. Und dies wird auch zu einem anderen Echo bei Ihrem Kind führen.

Wenn Sie die hilfreiche Bewertung von Situationen im Blick behalten und praktizieren, wird sich das auf Ihre Kinder übertragen. Kinder spüren zwischen den Zeilen die innere Haltung ihrer Eltern. Und sie nehmen es auf, wenn Eltern ihre Sicht der Dinge hin und wieder aussprechen: „Konflikte gehören zum Leben." Was Kinder von uns hören und tatsächlich erfahren, können sie übernehmen und auf andere Situationen übertragen.

Wenn Sie mit Ihrem Kind über schwierige Situationen sprechen, die es erlebt, können Sie Ihr Kind anleiten, selbst hilfreiche Bewertungen vorzunehmen. Man kann z. B. nach Streitigkeiten unter Freunden gemeinsam besprechen, wie das Kind beim nächsten Mal in einer ähnlichen Situation das Problem lösen könnte.

„Mit dem spiele ich nie wieder!" – Mit dieser Bemerkung kickt Dominik (10) seinen Fußball in die Garage und holt sich etwas zu trinken. „Was ist denn los?", fragt seine Mutter. „Fabian dreht immer alles so hin, dass er gewinnt. Wenn er hinfliegt, war es ein Foul, wenn einer aus der Gegenmannschaft fliegt, war es eine ‚Schwalbe'. Seine Mannschaft war mal wieder am Gewinnen, da habe ich zwei Tore nacheinander geschossen. Beim zweiten behauptete er, das sei nur ein Lattentreffer gewesen – dabei war der Ball ganz sicher über der Torlinie." – „Wie habt ihr das Problem gelöst?" – „Gar nicht, ich hab ihm eine gescheuert und habe mich verzogen." – „Und bist du zufrieden?" – „Muss ich darauf eine Antwort geben?"

Später beim Abendessen kommt das Gespräch noch einmal auf den Streit. Dominik fragt: „Was hätte ich denn machen sollen?" Sein Vater schlägt vor: „Probier das nächste Mal, dich nicht so ärgern zu lassen. Das ist offensichtlich Fabians Problem, dass er nicht verlieren kann. Je mehr du dich davon reizen lässt, desto größer wird die Spannung zwischen euch." – „Aber er spielt so unfair!" – „Vielleicht empfinden die anderen das auch so, dann wäre es gut, wenn ihr mal versucht, es ihm zu sagen. Ein guter Freund spricht so was an. Sucht gemeinsam nach einer Lösung. Bestimmt fällt euch was ein. Vielleicht könnt ihr vor jedem Spiel aus jeder Mannschaft einen ‚Schiedsrichter' bestimmen, und die beiden treffen dann die Entscheidung, ob ein Tor gilt oder nicht." – „Ich kann mir nicht vorstellen, dass Fabian sich darauf einlässt." – „Wenn ihr ihm sagt, dass ihr sonst keine Lust mehr habt, mit ihm zu spielen – vielleicht doch."

Solche gedanklich verarbeiteten oder vorbereiteten Konflikte sind auch ein Training für unvorhergesehene Situationen. Denn je häufiger ein konstruktiver Umgang mit Emotionen durchdacht wird, desto „eingefahrener" ist diese Spur in unserem Verhaltensrepertoire.

Außerdem vermitteln Sie durch diese Betrachtungsweise von Konflikten: Es ist normal, nicht auf Anhieb die perfekte Lösung zu finden. Wichtig ist es, aus Fehlern zu lernen und es beim nächsten Mal ein Stück besser zu machen. Ihr Kind wächst an der Erfahrung: Ich habe es schon besser hingekriegt als das letzte Mal. Es gewinnt Selbstsicherheit. Diese erfahrene innere Stärke fließt indirekt positiv in die nächste Bewertung von schwierigen Situationen ein.

Kindergefühle sind kein Kinderkram

Pauline (4) fällt auf dem Spielplatz hin und rennt weinend zu ihrer Mutter. Obwohl die Mutter nicht den Eindruck hat, dass Pauline sich sehr wehgetan hat, entscheidet sie sich bewusst dagegen zu sagen: „Komm, hab dich nicht so!" Sie nimmt ihre Tochter erst mal in den Arm und tröstet sie. So lässt Pauline sich schnell beruhigen, bleibt noch eine Weile sitzen, genießt die Nähe der Mutter und hüpft dann fröhlich zur Schaukel.

Hinter Paulines Kummer steckte wahrscheinlich etwas anderes als ein schmerzendes Knie vom Hinfallen. Vielleicht war es ihre Enttäuschung darüber, dass die Großen sie nicht mitspielen lassen. Oder ihre Frustration, weil sie beim Fangenspielen noch nicht mit dem Tempo der anderen mitkommt. Eltern müssen nicht immer die genaue Ursache kennen, sollten aber das Empfinden ihrer Kinder ernst nehmen.

Nehmen Sie Kindergefühle ernst

Seien Sie aufmerksam und einfühlsam, wenn Ihr Kind Gefühle zeigt. Reden Sie Schmerz nicht klein, verstärken Sie ihn auch nicht. Aber nehmen Sie ernst, was Ihr Kind bewegt.

Wenn Kinder Ängste haben, z.B. durch Albträume oder vor Situationen, die sie nicht realistisch deuten, dann wäre es nicht hilfreich, zu versuchen, dem Kind seine Angst „auszureden", noch schlimmer, sie lächerlich zu machen. Die Gefühle sind erst einmal da. Sie sind eine Tatsache, und sie haben eine Ursache.

Eltern müssen nicht immer die Ursache für Kindergefühle kennen – aber sie sollten die Gefühle der Kinder immer ernst nehmen.

Als nächsten Schritt können Eltern die Ursache näher betrachten und ihr evtl. das Beängstigende nehmen. Manche Ängste lassen sich reduzieren, etwa durch die Erklärung, woher die unbekannten Geräusche kommen. Oder sie lassen sich durch eine symbolische Handlung bewältigen. So können befürchtete „Gespenster" unter dem Bett mit einer Taschenlampe verjagt werden.

Wenn Kinder erleben, dass ihre Gefühle liebevoll ernst genommen werden, fühlen sie sich wertgeschätzt und gewinnen Selbstsicherheit. Und sie werden offen dafür, Lenkung und Korrektur von Eltern anzunehmen.

Dulden Sie kein schädliches Verhalten

Wenn ein 2-jähriges Kind seine Wut ausdrückt, indem es Spielzeug durchs Zimmer wirft, ist das angemessen. Nicht angemessen wäre es, wenn ein Azubi im Büro den Radiergummi nach seinem Chef wirft. Wenn ein Schüler aus Ärger über seinen Lehrer nichts mehr lernt, schadet er am allermeisten sich selbst. Wenn er es aber schafft, das eine oder andere Problem im Gespräch zu klären und ansonsten den Stoff zu lernen, weil er für sich selbst lernt, dann hat er viel für sein Leben profitiert.

Sie helfen Ihrem Kind, wenn Sie destruktives Verhalten nicht dulden. Setzen Sie Grenzen – liebevoll, aber konsequent.

Im Verhaltenstraining für einen guten Umgang mit Emotionen helfen Sie Ihren Kindern, indem Sie destruktives Verhalten nicht dulden. Es ist okay, wenn ein Kind seine Wut ausdrückt. Vielleicht erklären Sie einen bestimmten Filzball oder ein Sofakissen zum akzeptierten „Wutableiter", den das Kind traktieren darf.

Nicht okay dagegen ist es, wenn Ihr Kind sich selbst oder andere dabei gefährdet oder mutwillig wertvolle Dinge beschädigt. Wenn Ihr Kind in seiner Wut einfach wegläuft, auf Geschwister einschlägt oder Scheiben einwirft, müssen Sie einschreiten. Hier braucht es klare Grenzen von Eltern, die Sie auch durchsetzen müssen.

Sehr hilfreich kann eine Auszeit sein – nicht als Strafe oder Ausschluss aus der Gemeinschaft, sondern als Zeit, die das Kind zur Verfügung gestellt bekommt, damit es sich beruhigen und wieder zu sich finden kann.

Zur Verantwortung für Emotionen gehört die Fähigkeit, sie in Worte zu fassen. Das sollte Kindern ab dem Schulalter mehr und mehr gelingen. Eltern können hier Formulierungshilfe geben: „Du bist ja ganz schön geladen. Hat es etwas mit deinem Streit mit Emily gestern zu tun?"

Wer über sein Gefühl so sprechen kann, dass die Ursache der Wut verändert oder beseitigt werden kann, der hat gewonnen und sein Gegenüber auch.

Üben Sie sich darin, mit Ihren Kindern über Gefühle zu reden

Wenn ein Kind sich aus Angst zurückzieht, kann die liebevolle Geduld und Nähe der Eltern ihm helfen, über den Kummer zu reden. Wenn Kinder traurig sind, diese Traurigkeit aber nicht selbst wahrnehmen, sondern in destruktivem Verhalten „austoben", haben sie es vielleicht nötig, dass Eltern mal eine Vermutung in Worte fassen: „Das ist wirklich schade, dass dein bester Freund jetzt weggezogen ist ..."

Reagieren Sie mit positiver Verstärkung, wenn Ihr Kind sein Befinden in Worte fasst. Wenn z.B. Ihre Tochter jammert: „Ich möchte nicht immer alleine spielen!" – „Das ist aber auch zu traurig, dass heute keine von deinen Freundinnen Zeit hat."

Oder: „Mama, ich bin echt sauer. Erik hatte mein Heft ausgeliehen und zu Hause ist ihm ein Glas Saft auf dem Schreibtisch umgekippt. Schau mal, wie das jetzt aussieht!" – „Da wäre ich an deiner Stelle auch sauer! Was machen wir denn jetzt?"

Wenn Wonneproppen sich zu Nervensägen wandeln – Übernehmen Sie als Eltern Verantwortung für Ihre Gefühle

Abends unterhalten sich die Eltern über ihren 5-jährigen Sohn Timo. Sie staunen über die Dinge, die er schon kann, und sind glücklich, seine Eltern zu sein. Schon am nächsten Morgen entpuppt sich der vielversprechende Sprössling als Nervensäge. Er will sich nicht anziehen, weigert sich, zu essen, will die Zähne nicht putzen und wirft mutwillig seine Spielsachen durch die Wohnung. Er bringt seine Eltern zur Weißglut. Sie brüllen ihn an. Später plagen Vater und Mutter Schuldgefühle.

Tage später ist Timo krank. Er hat Fieber, schläft nur schlecht und ist sehr nähebedürftig. Seine Eltern stehen unzählige Male nachts auf, trösten ihn, kuscheln mit ihm und versorgen ihn, bis er wieder gesund ist. Als Timo in einer Fiebernacht seine verschwitzten Arme um die Mama schlingt und flüstert: „Mama, ich hab dich lieb!", steigen ihr Glückstränen in die Augen.

Kinder lösen einen bunten Strauß an intensivsten Gefühlen bei ihren Eltern aus. Sie wecken einzigartig liebevolle Empfindungen, Gefühle, die Kraft zu Fürsorge und Hingabe geben. Sie entzünden Wut und lassen ihre Eltern wahre Hilflosigkeit schmecken. Aber all dies sind die Gefühle der Eltern. Die Kinder sind nur der Auslöser dafür. Und die Verantwortung für einen guten Umgang mit diesen Emotionen liegt bei den Eltern. Wie kann das aussehen?

Zunächst, indem Sie sich bewusst machen, dass es *Ihre* Gefühle sind. Ihr Kind ist zwar der Anlass, aber es ist nicht „schuld daran". Ihr Gefühl ist *Ihre* Reaktion auf ein bestimmtes Verhalten.

Kinder sind zwar Auslöser für unterschiedlichste Gefühle der Eltern, auch negative – aber sie sind nicht „schuld daran".

Ein zweiter Schritt wäre, dieses Gefühl möglichst sachlich zu benennen – und sei es nur für sich selbst, besser noch gegenüber dem Partner. „Ich fühle mich mit der Situation überfordert" oder: „Ich habe das Gefühl, das macht er absichtlich, um mich zu ärgern" – was immer es ist, sobald Sie es in Worte gefasst haben, haben Sie bereits etwas Abstand dazu gewonnen. Sie sind nicht Opfer Ihrer Emotionen, Sie können etwas ändern.

Ein weiterer Schritt wäre vielleicht, einmal zu beobachten, in welchen typischen Situationen Ihnen leicht die Nerven durchgehen. Vielleicht kann eine Stresssituation entschärft werden. Wenn Sie sich dabei ertappen, dass Sie immer dann geneigt sind, Ihr Kind anzuschreien, wenn Sie es unbedingt bis zu einem bestimmten Zeitpunkt zum Kindergarten schaffen müssen, planen Sie vielleicht für die nächste derartige Situation mehr Vorbereitungszeit ein.

Oder Sie können die Bewertung einer emotionsgeladenen Situation verändern. Es ist ein Unterschied, ob ich denke: „Schon wieder dieses Theater!" oder: „Heute läuft es schon ein wenig besser als gestern."

Wenn ich merke, dass ich mich selbst nicht im Griff habe, ist es manchmal besser, kurz aus dem Zimmer zu gehen und mir über meine Gefühlslage klar zu werden, bevor ich reagiere. Auch das heißt, Verantwortung für die eigenen Gefühle zu übernehmen.

Keine Angst vor „Familiengewitter" – Halten Sie Auseinandersetzungen durch

Zum verantwortlichen Umgang mit Gefühlen gehört, dass Konflikte nicht unter den Teppich gekehrt werden. Der würde sich sonst „ausbeulen" und zur Stolperfalle werden. Hier bringt das Kind im sogenannten Trotzalter die Eltern an den Rand ihrer Nerven, dort sind es die Wutanfälle eines Vorschülers, die Zickigkeit einer Zweitklässlerin, die schlimmen Streitereien zwischen Brüdern oder die Verhaltensturbulenzen, die unausweichlich die Pubertät ankündigen. Solche Auseinandersetzungen kosten Kraft und können verletzend und zermürbend sein. Aber die Lösung besteht nicht darin, dass Eltern zu einem Ausbund an Nachgiebigkeit werden, um nur ja keine „Szene" zu riskieren.

Das Miteinander einer Familie ist nicht dann gesund, wenn Konflikte vermieden oder unterdrückt, sondern wenn sie miteinander durchgestanden werden. Wenn Kindern untersagt wird, Ärger, Missmut oder Wut auszudrücken, dann verschwindet dieses Gefühl „im Untergrund" und kann in ihrem Selbstwertgefühl großen Schaden anrichten. Im Austragen von Streit üben Kinder, mit aggressiven Gefühlen umzugehen. Das Verhalten der Eltern, wenn die wütend sind, wird ihnen dabei oft zum Modell.

Wenn Heike gestresst ist, kann sie schnell mal laut werden. Danach beruhigt sie sich meist schnell wieder und ist nicht nachtragend. Aber ihre Tochter Carla (4) bekommt die Wucht des Zorns ihrer Mutter hin und wieder zu spüren. Je älter Carla wird, desto häufiger reagiert sie, wenn beim Spielen etwas nicht so läuft, wie sie es sich vorgestellt hat, mit einem Tobsuchtsanfall. Als das Heike bewusst wird, ist sie betroffen und traurig, weil sie ihr eigenes Verhalten wiedererkennt.

Das Verhalten der Kinder kann zum Spiegel für die Eltern werden, indem sie – sofern sie den Mut haben – ihr eigenes Aggressionsverhalten prüfen und gegebenenfalls ändern können.

In Auseinandersetzungen üben Kinder, ihre Standpunkte zu vertreten, auch wenn das negative Konsequenzen nach sich zieht. Sie probieren aus, sich zu widersetzen, und machen dabei die Erfahrung, wo es gut ist, mutig zu sein, und wo es vielleicht schlauer ist, sich nachgiebig zu verhalten.

Konflikte zwischen Kindern sind ein wichtiges Lernfeld – greifen Sie als Eltern nicht zu schnell ein.

Das gilt für Streitigkeiten mit Geschwistern und Spielkameraden. Und auch Konflikte zwischen Eltern und Kindern sollten nicht mit oberflächlicher Harmonie oder einem Übermaß an Nachgiebigkeit vorschnell beendet werden. Denn, so schreibt Wolfgang Bergmann: *„Wer für seine Kinder nicht ein gutes Gegenüber ist, mit dem sie auch mal richtig streiten können … der setzt sie inneren Zerreißproben aus, die für die kindliche Entwicklung riskant sind. Wer den Konflikt scheut, schadet dem Kind."*[8]

Wenn Eltern in Gelassenheit ihren Kindern Widerstand entgegensetzen, dann fördert das ihren Reifungsprozess. Sie können dagegen opponieren und prüfen so die Überzeugungen ihrer Eltern. Daran wächst ihre Durchsetzungsfähigkeit.

Andererseits können sie an der Stabilität ihrer Eltern lernen, ihre eigene Persönlichkeit zu entwickeln und ihren Willen zu vertreten. Denn das Verhalten der Eltern ist auch ein Angebot, sich damit zu identifizieren.

Es kommt häufig vor, dass Kinder im akuten Konflikt die Ansicht der Eltern bekämpfen, sie aber, wenn sie schlüssig ist, später übernehmen. Wenn Eltern ihrem Kind klar sagen: „Ich werde dir diese Stoffturnschuhe nicht kaufen, weil ich diese Marke völlig überteuert finde", dann kann es im Moment schmerzhaft für ein Kind sein, wenn seine Freunde diese Markenschuhe haben. Aber letzten Endes kann es an dieser Situation mit der Rückenstärkung seiner Eltern einüben, Trends nicht unbedacht zu übernehmen, sondern selbstbewusst den eigenen Weg zu gehen. Solche Lenkung durch Vater und Mutter gibt Kindern Orientierung in einer unübersichtlicher werdenden Welt. Obendrein vermittelt es ihnen Sicherheit und Geborgenheit, wenn sie spüren: Die Beziehung zu meinen Eltern hält es aus, dass wir uns tüchtig auseinandersetzen.

10 Zutaten einer emotional nahrhaften Kindheit

Das 3-jährige Geburtstagskind Gustav ist zuerst nicht begeistert, als seine Mutter ihm die Augen verbindet. Dann bekommt er einen Rührlöffel in die Hand, krabbelt los und schlägt wild um sich. Er trifft hier einen Zeh, da ein Knie, muss hin und wieder von Mama vorsichtig gelenkt werden, weil er die Hinweise „kalt" und „warm" noch nicht umsetzen kann. Dann sitzt er direkt vor dem Topf und hält ganz still. Die Stimmen der anderen vereinen sich: „Du musst zuschlagen, Gustav – schlag zu!" Schließlich streift der Rührlöffel mit einem leichten „Bling" den Topf. Alle jubeln. Ein anderes Kind zieht die Augenbinde von Gustavs Kopf, und seine tapsigen Hände nehmen überglücklich ein kleines Päckchen Gummibären in Besitz.

Hätte man das alles nicht viel einfacher haben und die Süßigkeit direkt überreichen können? Ganz sicher. Man hätte Zeit gespart und sich keine Rührlöffel-Blessuren geholt. Aber Gustav wäre nicht selbst in Bewegung gekommen, hätte das Erfolgserlebnis verpasst und das Glücksgefühl beim Verspeisen der Gummibärchen wäre höchstens halb so groß gewesen.

Der Apfel fällt nicht weit vom Stamm

Erziehung zu emotionaler Kompetenz erschöpft sich nicht darin, Fehlverhalten zu korrigieren, und fängt erst recht nicht damit an. Das eigentliche Ziel, zu dem wir unsere Kinder begleiten wollen, ist es, dass sie starke Charaktereigenschaften entwickeln.

Unsere Kinder sollen Erwachsene werden, die in der Lage sind, weitsichtig zu handeln. Sie sollen unangenehme Wegstrecken durchhalten können, um etwas Wertvolles zu erreichen. Dazu brauchen sie Ausdauer und Selbstdisziplin. Sie sollen beziehungsfähig sein, sich einfühlen können in andere Menschen und treue Liebe leben können. Junge Menschen sollen im Laufe ihrer Kindheit schlummernde Begabungen entdecken und entfalten, praktische und intellektuelle Fähigkeiten entwickeln und diese in einer gesunden Balance von Eigenständigkeit und Zugehörigkeit zu einer Gemeinschaft einsetzen. Sie sollen fähig sein, auch leidvolle Erfahrungen in ihrem Leben zu bewältigen, ohne daran zu zerbrechen.

Solche Charaktereigenschaften können nur am „Original", am Leben der Eltern, gelernt werden. Es ist gut, wenn Eltern mit ihren Kindern darüber sprechen, was ihnen wichtig ist. Anlässe dafür bieten die alltäglichen Fragen ebenso wie die großen Dinge des Lebens.

> Wenn meine Tochter fragt, warum ich sie nicht mit dem Auto zum Kindergarten bringe, erkläre ich ihr: „Wir fahren nur Auto, wenn es unbedingt nötig ist. Beim Radfahren sparen wir Geld, schonen die Umwelt und tun etwas für unsere Gesundheit." Man kann dem Erstklässler schon erklären, warum man für ein Projekt in Peru oder für ein Patenkind in Afrika Geld spendet. Oder warum man Fleisch beim Biobauern statt im Supermarkt kauft, auch wenn man sich dann nur halb so viele Fleischmahlzeiten leisten kann. Ich kann meinen Kindern erklären, warum ich Sport treibe oder warum in unserer Familie nicht ununterbrochen die Flimmerkiste läuft. Auf die Frage, warum wir im Urlaub nicht einfach nach Südafrika fliegen, kann ich erklären: „Uns ist es wichtig, dass wir Eltern Zeit für euch haben, darum leben wir von einem Gehalt. Das heißt aber auch, dass wir uns weniger leisten können, als wenn beide Eltern voll arbeiten gehen."

Nicht nur über solche Gespräche, sondern auch über die Freizeitgestaltung können Sie die Wertvorstellungen und die Charakterentwicklung Ihres Kindes mit ganz einfachen Mitteln fördern.

Krabbeln macht schlau:
Bringen Sie Ihre Kinder in Bewegung

Eine Mutter klagt: „Mein Sohn verkriecht sich nur hinter Büchern, anstatt mal draußen mit anderen zu spielen." Eine andere beschwert sich: „Mein Sohn ist nur draußen unterwegs, er könnte sich ruhig mal hinsetzen und ein Buch lesen."

Beides ist wichtig und wertvoll: Bewegung und Lesen. Kinder sollten ihre Vorlieben pflegen dürfen, aber auch angeregt werden, die andere Seite nicht ganz zu vernachlässigen. Aus einem Stubenhocker muss keine Sportskanone werden, aber vorsichtig dosierte Angebote, die Spaß an Bewegung wecken, tun ihm sicher gut.

Kinder sollten ihren Körper kennenlernen, sollen ausprobieren, was sie können und wo sie an ihre Grenzen kommen. Erfolgserlebnisse im Sport stärken ihr Selbstwertgefühl. Bewegung hält den Körper gesund – wir sind nicht dazu geschaffen, ständig starr auf einem Stuhl zu sitzen. Gerade in den ersten Lebensjahren ist Bewegung wichtig: Viele Entwicklungen im Gehirn des Säuglings und des Kleinkindes werden durch körperliche Bewegung und Balance-Übungen angeregt. Pointiert ausgedrückt: Krabbeln, Schaukeln, ein Klettergerüst erklimmen oder Einradfahren macht schlau.

Ein gutes und gesundes Körpergefühl stärkt auch den emotionalen Haushalt Ihres Kindes.

Ganz allgemein gilt: Ein gesunder Körper tut dem Geist gut. Ein gutes und gesundes Körpergefühl stärkt auch den „emotionalen Haushalt" Ihres Kindes. Sich in seiner eigenen Haut wohlzufühlen – das ist einfach ein gutes Gefühl. Zudem ist Bewegung ein gutes Ventil, um Ärger, Spannungen und Stress abzubauen. Außerdem verhilft sie zu einer gesunden Müdigkeit. Und Kinder, die nachts gut schlafen, können sich am nächsten Tag besser konzentrieren. Mannschaftssportarten trainieren neben den Körpermuskeln auch emotionale Fähigkeiten wie Fairness, Teamfähigkeit, Zielstrebigkeit und Durchhaltevermögen oder die Kunst, ein guter Verlierer zu sein.

Spielen – mehr als netter Zeitvertreib

Mit fünf Jahren bekam unsere Tochter das Spiel *Fang den Hut* geschenkt. Es wurde das erste richtige Lieblingsgesellschaftsspiel unserer Familie. Wir jagten uns gegenseitig engagiert die Hütchen ab, schrien vor Spannung manchmal so laut, dass unser Baby erschrocken aufweinte. Unsere Tochter übte den Umgang mit Zahlen, lernte vorausschauend zu spielen und wir entdeckten ihre Fähigkeit, sich mit anderen zu freuen. Egal, wer das Spiel gewann – sie jubelte in jedem Fall: „Juhuu, ich habe gewonnen!" oder: „Juhuu, der Papa hat gewonnen!" ...

Eine Kindheit ohne Spiele – unvorstellbar. Wohl jeder erinnert sich daran, bei welchem Spiel er am ehesten die Zeit vergessen und ganz in die andere Welt des Spiels eintauchen konnte. Aber im Spiel steckt mehr als ein Zeitvertreib. Spiele helfen Kindern, wichtige Aspekte des Lebens zu begreifen und in einem spielerischen Rahmen einzuüben.

Für sportliche wie für Gesellschaftsspiele gilt: In der Spielsituation lernen Kinder, sich einzuordnen und sich an Regeln zu halten, Rücksicht auf andere zu nehmen, mit anderen gemeinsam ein Ziel zu verfolgen. Sie trainieren spielerisch ihre Fähigkeiten, üben Konzentration und Dranbleiben. Sie wachsen in der Konkurrenzsituation über sich hinaus oder erfahren, dass sie keinen Ehrgeiz zum Gewinnen haben. Siege bescheren ihnen Erfolgserlebnisse, bei ausbleibendem Erfolg üben sie ein, verlieren zu können. Ein guter Verlierer kann sich damit aussöhnen, dass nicht immer alles nach seinen Vorstellungen läuft. Er wirft nicht alles hin, wenn etwas schiefgeht, nimmt Niederlagen auch mal mit Humor und fängt gemeinsam mit anderen wieder von vorne an.

Wie leicht oder schwer Kindern das fällt, hat auch mit ihrem Temperament und der Geschwisterkonstellation in der Familie zu tun. Im Spielverhalten drückt sich ihre Einzigartigkeit aus und findet einen Platz im gemeinsamen Ganzen. Beim gemeinsamen Spielen findet intensive Begegnung statt. Diese Gemeinschaft kann von PC-Spielen nicht ersetzt werden. Sie mögen vieles andere schulen: Reaktionsvermögen, Logik, Wissen. Aber es fehlt ihnen die soziale Komponente. Das Kind sitzt eben einem Bildschirm und keinem Menschen gegenüber. Zwischenmenschliche Lerneffekte sind da kaum zu erwarten.

Kinder müssen mit Kindern spielen. Im Kinderspiel entwickeln sie ihre Fantasiewelt, in der Erwachsene nur stören würden. Im freien und kreativen Umgang mit Rollen, z. B. im Vater-Mutter-Kind-Spiel, üben sie, ihren eigenen Platz und ihre eigene Art in der Gruppe zu finden. Sie wenden spielerisch an, was sie von ihren Eltern übernommen haben, und machen es sich so zu eigen oder schlüpfen probeweise in andere Rollen.

Kinder brauchen das Training, sich mit Gleichaltrigen auseinanderzusetzen. Durch kindliche Konflikte lernen sie, sich zu behaupten, ihren Standpunkt zu vertreten und andererseits sich auch mal überzeugen zu lassen und sich wieder zu versöhnen. Sie entwickeln Stärke, indem sie sich an ein Wir-Gefühl anlehnen, aber auch umgekehrt, indem sie sich widersetzen. Sie entdecken Gemeinsamkeiten und Unterschiede und entwickeln daran ihre Identität. Sie vergleichen sich und werden dadurch angespornt. Viele alltägliche Fähigkeiten lernen Kinder leichter von anderen Kindern als von Erwachsenen, weil der Abstand nicht so frustrierend groß ist.

Andererseits tut es ihnen gut, wenn Erwachsene sich auf ihre Spielwelt einlassen. Darin liegt Wertschätzung, wenn Ihre Kinder erleben, dass Sie sich Zeit nehmen und das, was ihnen wichtig ist, ernst nehmen. Sport und Spiel sind kein zu belächelnder „Kinderkram"; sie sind großartige Möglichkeiten, die emotionalen Kompetenzen unserer Kinder zu fördern.

Mit beiden Händen im Matsch: Das Leben be-greifen

„Mama, ist eine Schnecke eklig?" Mit dieser Frage brachte mir meine 3-jährige Tochter ein besonders schleimiges Exemplar an. Meine Antwort fiel nicht begeistert aus.

Auch wenn es uns (angesichts der vorauszusehenden schlammigen Hosen, verspeisten Ohrwürmer oder anderer Unappetitlichkeiten) nicht gerade jubeln lässt: Kinder müssen ihre Welt mit allen Sinnen erkunden. Sie sollen Alltägliches und Besonderes anfassen, fühlen, ausprobieren dürfen.

Natur kann man nicht nur sehen, sondern auch ertasten: Wie fühlt sich z. B. bei einem Spaziergang im Wald das klebrige Harz an den Händen an? (Den Harztropfen auf der Kleidung rückt man am besten zu Leibe, indem man sie mit Butter einreibt, danach mit Gallseife auswäscht und dann das Kleidungsstück in die Waschmaschine steckt.) Das weiche Moos, raue Tannzapfen, die Dornen einer Hagebuttenhecke … Wie fühlt sich Matsch an? Wie das klare Wasser des Baches, in dem wir einen Staudamm bauen?

Den Boden kann man barfuß erspüren: Wie gehe ich auf Gras, Asphalt, Lehm, Sand?

Wie riecht es, wenn Heu gemacht wird oder Regen auf eine sommerheiße Asphaltstraße fällt?

Unsere Tochter war immer ganz fasziniert von Windrädern, die sie von Weitem sah. Also radelten wir einmal bei Gelegenheit an den Fuß einer solchen Windkraftanlage, damit sie die Größe im Original bestaunen konnte.

Oder die Welt des Geschmacks. (Höre ich da einige Eltern resigniert seufzen?) Wie pflegeleicht oder auch nicht Ihre Kinder in dieser Hinsicht sein mögen: Auf jeden Fall gibt es beim Essen eine Unmenge unterschiedlicher Wahrnehmungen zu machen. Vielleicht haben Sie Lust, hin und wieder mal mit Ihren Kindern bewusst Unbekanntes zu probieren – und jeder darf beschreiben, wie der neue Geschmack „schmeckt". Und zwar möglichst genau, nicht nur „lecker" oder „igitt", sondern: süß, so ähnlich wie …, das kribbelt auf der Zunge, das ist glitschig, das mag ich (ganz und gar nicht) …

Kinder, die eher wenig Appetit haben, können Spaß am Essen finden, wenn ab und zu aus der gemeinsamen Zubereitung ein Event gemacht wird. Man kann im Herbst gemeinsam Pflaumen ernten, Teig kneten und dann belegen oder aus einer von Grund auf selbst fabrizierten Pizza ein kleines Fest machen. Dabei gibt es eine Menge zu lernen, außerdem ist es ein Gemeinschaftserlebnis und weckt langfristig Freude am Essen.

Oft braucht es keine großartigen Anstrengungen, um Kinder zu fördern. Man kann ihnen im Alltag Impulse zuspielen und auf ihre Neugier offen reagieren.

Kinder sind von Natur aus neugierig und wissbegierig. Sie erforschen ihre Welt – mit allen Sinnen. Sprachwissenschaftler haben herausgefunden, dass Kleinkinder, die viele verschiedene Dinge mit den Händen anfassen und *be*greifen, sich besser „einen *Begriff* machen" können von Dingen, d. h. ihre Sprache entwickelt sich besser. Oft braucht es keine großartigen

Anstrengungen, um Kinder zu fördern. Es reicht schon, ihnen mit einem veränderten Bewusstsein über Alltäglichkeiten Impulse zuzuspielen und auf ihre Neugier offen zu reagieren.

- Reichen Sie Ihrem Baby auf der Krabbeldecke den zweiten Schneebesen, während Sie mit dem anderen das Essen kochen.
- Lassen Sie Ihre 2-Jährige ins Mehl fassen beim Kuchenbacken, auch wenn Sie hinterher den Staubsauger bauchen.
- Holen Sie für Ihre Kinder in der Badewanne mal eine Schüssel voller Schnee vom Balkon – das regt garantiert zu „physikalischen Versuchen" rund ums Thema Schmelze an.
- Räumen Sie Ihren Kindern im Garten Platz für ein eigenes Beet ein. Dort können sie selbst Sonnenblumen oder Radieschen säen und begießen und beim Wachstum beobachten. Wenn Sie keinen Garten haben, reicht auch Kresse auf der Fensterbank.
- Lassen Sie Ihre Kinder zusehen und mithelfen beim Anheizen des Grills und nebenbei erfahren, wie lange es dauert, bis die Kohle glüht.
- Man kann mit einem Stock im Sand Schreiben üben oder beim Essen nebenbei den Umgang mit Zahlen trainieren. „Wie viele Stücke Apfel liegen auf dem Teller? Wenn wir zwei davon essen, wie viele sind es dann noch?"
- Nehmen Sie Kinderfragen wie diese ernst: „Mama, wie werden die Eier gemacht, werden die von den Hühnern gebrütet?" – „Wie kommt das Baby aus deinem Bauch heraus?" – „Wie wird die Bettwäsche gemacht? Wie kommt die Farbe auf den Stoff?" Eine Zeit lang beschäftigte es unsere Tochter sehr, wo das Abwasser hingeht, also zeigten wir ihr das Abflussrohr im Keller, gingen mit ihr auf die Straße, um dem Wasserrauschen unter dem Kanaldeckel zu lauschen, und zeigten ihr, wo die Kläranlage ist.
- Bleiben Sie mit Ihrem Kind stehen und schauen Sie zu, wenn der Lkw das Mehl an die Bäckerei liefert. Vielleicht lässt der Bäcker um die Ecke Sie auch mal einen Blick in die Backstube werfen?
- Oder gehen Sie gemeinsam in die Bibliothek, um die Antwort auf Fragen wie diese herauszufinden: „Wie sieht es in Afrika aus?" – „Warum fallen Vögel nicht vom Ast, wenn sie schlafen?"

Geschichten für Herz und Verstand

Die weltberühmte Erfinderin von Pippi Langstrumpf und Michel aus Lönneberga beschrieb ihre Motivation zum Schreiben einmal so:

„Ich möchte von Zeit zu Zeit die wohlgenährten Kinder … aus ihren ordentlichen kommunalen Parkanlagen ins Land der Ferne entführen und sie auf nackten Füßen über eine paradiesgrüne Sonnenau laufen lassen. Ich möchte sie gern dazu bringen, ab und zu den Blick vom Fernseher abzuwenden, damit sie in ihrer Fantasie ihre eigenen Bilder erschaffen können, die alles übertreffen, was so ein armer Fernsehproduzent hervorbringen kann."[9]

Wie kaum etwas anderes können Geschichten „die Seele zum Schwingen bringen" und den affektiven Bereich in uns ansprechen. Eine große Bandbreite emotionaler Empfindungen können Geschichten wachrufen: von faszinierter Begeisterung über Mitfreude oder Mitbangen mit einem Helden oder der Trauer über eine Entwicklung bis hin zu wohligem Gruseln und dem Kribbeln im Bauch angesichts unbekannter Herausforderungen oder unheimlicher Begegnungen.

Geschichten ermöglichen Kindern den Zugang zu einer Welt, in der sie das Leben sozusagen stellvertretend erkunden können. Hier können sie in Abenteuer eintauchen, die andere erleben, und dabei den eigenen Mut, die eigenen Wünsche oder die eigenen Ängste und Befürchtungen entdecken – und auch, dass sie mit ihren Gefühlen nicht allein sind. Märchen konfrontieren sie mit der Auseinandersetzung zwischen Gut und Böse, die auch Kinder in kleinem Maßstab erleben. In Geschichten bekommen sie aber auch Lösungen angeboten, und in der Regel steht am Ende die beruhigende Gewissheit: Es geht alles gut aus.

Von einer Kindheit voller guter Geschichten kann man ein Leben lang zehren.

Und noch mehr: Im Erleben von Geschichten lernen Kinder, sich in eine fremde Erfahrung hineinzuversetzen. Sie übernehmen spielerisch eine andere Perspektive und lernen so, sich in andere Menschen einzufühlen. Weil Geschichten erfühlte Vorgänge in Worte fassen, setzen Kinder sich durch sie auch mit ihrem eigenen Gefühlsleben auseinander. Sie finden Worte, um sich auszudrücken, und erleben darin ein Stück Identitätsfindung und Beziehungsfähigkeit.

Gute Geschichten sprechen Sehnsüchte und Ängste von Kindern an, greifen Schwierigkeiten auf und lassen Lösungen entstehen. Kinder fühlen sich durch sie in ihren Gefühlen, Hoffnungen und Befürchtungen zutiefst verstanden und gewürdigt.

Zuhören beim Vorlesen und später das eigene Lesen fördern Sprachkompetenz und Intelligenz. Ein Kind, das mit Geschichten aufwächst, entwickelt daran Urteilsvermögen, Konzentration und abstraktes Denken. Beim Stöbern in Sachbüchern lernen Kinder, über Dinge zu reflektieren, Theorie und Praxis verbinden sich auf lebendige Weise. Beim Lesen werden durch die Entschlüsselung von Buchstaben zu Wörtern und zu inneren Bildern sowie durch die Kombination des neuen mit bereits vorhandenem Wissen Reifungsprozesse im Gehirn angeregt, die durch fertige Fernsehbilder nicht in Bewegung kämen.

Enthalten Sie Ihren Kindern die Welt der Geschichten und den Zugang zum Leben, den diese Welt bietet, nicht vor. Der Fernseher ist dafür kein Ersatz. Im Film rauschen die Charaktere und ihr inneres Erleben relativ schnell vorbei. In einer (vor)gelesenen Geschichte bilden Leser und Zuhörer eigene Bilder, setzen sich intensiver damit auseinander und erschaffen quasi die Welt der Geschichte mit.

Vorlesen hat außerdem eine wichtige Beziehungsdimension: In der Vorlesesituation begegnen sich zwei (oder mehrere) Menschen. Die gemeinsame Erfahrung verbindet und eröffnet Gesprächsmöglichkeiten. Geeignete Geschichten sind eine wunderbare Möglichkeit, ein Gespräch über manchen Kummer, manche Ängste oder sonst ein aktuelles Erleben Ihres Kindes zu beginnen.

Der Fernseher – im Übermaß genutzt – macht passiv und wirkt vereinzelnd. Wer Bücher schätzt, der kann später auch vom aktiven Umgang mit Fernseher und PC profitieren. Wer aber nur auf Bildschirme schaut, wird es schwerer haben, eigene innere Bilder zu entwickeln, wenn er ein Buch liest. Nicht alles kann nachgeholt werden.

Der Künstler im Kind

Wenn ich berührt werde von einem Kunstwerk – sei es ein Gemälde, eine Skulptur, eine musikalische Komposition –, dann kommuniziere ich mit dessen Schöpfer auf andere Art als mit Worten. Ich übe, mich in einen anderen einzufühlen. Und ich komme in Berührung mit Empfindungen in mir, die mit dem Maler, Bildhauer oder Musiker nichts zu tun haben, die aber durch sein Werk in mir zum Klingen gebracht werden. Ich bekomme Zugang zu meiner eigenen Seele, nehme vielleicht ganz unvertraute Emotionen wahr, äußere sie im wahrsten Sinne des Wortes – bringe sie von innen nach außen – und bearbeite sie damit in gewissem Sinne. Wer in kreativer Betätigung übt, Feinheiten und Unaussprechliches wahrzunehmen, auszudrücken und zu bearbeiten, der unterstützt damit seine emotionale Entwicklung.

Das gilt auch schon für Kinder. Es fängt ganz klein an mit Knete und Wachsmalstiften, geht weiter mit kreativen Hobbys, einem anregenden Kunstunterricht in der Schule und kann im Großen z. B. durch Mitmach-Museumsprojekte gefördert werden. Wo Kinder aktiv werden, mit Farben und Formen etwas Kreatives zu gestalten, da bringen sie immer etwas von sich zum Ausdruck. Sie bringen Emotionen nach außen, die sich dem sprachlichen Zugriff entziehen. Und sie bearbeiten sie gleichzeitig – manchmal einfach im kreativen Tun und manchmal zusätzlich im Gespräch darüber.

> Als unserer Tochter eine kleine OP bevorstand, war sie unheimlich aufgeregt und beschäftigte sich viel damit, wie alles werden würde. In dieser Zeit malte sie ein ausdrucksstarkes Bild von einem Krankenhausbett mit einer Krankenschwester und einer großen Spritze. Schon beim Malen selbst und dann auch im Reden über das Bild kam etwas heraus von ihrer Angst, sie wurde greifbarer und in gewissem Sinne „beherrschbar".

Oft kann ich an den Bildern und Bastelergebnissen unserer Tochter spüren, wie es ihr geht, ob sie innerlich „aufgeräumt" ist oder ob sie etwas bedrückt, das sie (noch) nicht sprachlich ausdrücken kann. Manchmal ist das Kneten, Schnippeln oder Malen selbst schon die Abfuhr einer Emotion und das Kind ist nachher ausgeglichener.

Musik

Ähnlich bedeutsam wie Geschichten gerade für die affektive und emotionale Seite unserer Seele ist die Musik. Musikalische Bildung kann viel zu einem ausgeglichenen emotionalen Haushalt beitragen. Das Wichtigste ist, dass Kinder Freude an Musik entdecken. Dazu hilft es, wenn sie Musik hören und auf ganz einfache Art anfangen, selbst Musik zu machen. Das Singen in der Familie oder die musikalische Früherziehung können ein motivierender Einstieg sein. Ich würde Kindern möglichst viele verschiedene Musikstile anbieten:

- einfache Kinderlieder, Klassiker, die leicht zum Mitsingen sind, z. B. „Kuckuck, ruft's aus dem Wald"
- moderne Kindermusik mit fetzigen Melodien und fröhlich-frechen Texten, von CD, als Kinderkonzert oder -musical
- klassische Musik, z. B. durch Kinder-Klassik-CDs oder durch das Mitfiebern bei „Peter und der Wolf" in einem Familienkonzert der Philharmonie.

Über die Kenntnis möglichst unterschiedlicher Musikstile können Kinder im Laufe der Jahre ihren eigenen Musikgeschmack entwickeln. Wenn ein Kind ein Instrument lernen will, braucht es die Unterstützung der Eltern, um wirklich dranzubleiben. Elterlicher Ehrgeiz wäre ein schlechter Ratgeber. Aber wenn ein Kind sich für ein Instrument entschieden hat, braucht es je nach persönlichem Temperament mehr oder weniger feste Leitplanken von seinen Eltern, um auch frustrierende Übungsphasen durchzuhalten und später die musikalischen Früchte ernten zu können. Erfolgserlebnisse wie ein Vorspiel in der Musikschule, bei dem die stolzen Eltern unter den Zuhörern sind, können beim Durchhalten helfen.

Wenn eine Familie zusammen singt, profitiert nicht nur ihre Musikalität. Beim gemeinsamen Singen und Musizieren übt man ganz nebenbei ein, aufeinander zu hören, sich mit Tempo und Lautstärke aneinander anzupassen und seinen eigenen Part verantwortlich einzubringen. Und erhält als Frucht das Erfolgserlebnis, dass der Beitrag jedes Einzelnen für die Gemeinschaftsleistung wertvoll ist.

11 Sein ist prägender als Sagen

Lebhaft erinnere ich mich aus dem Religionsunterricht meiner Kindheit an eine etwas altertümlich anmutende Geschichte mit einem wahren Kern:

> Die Familie sitzt bei Tisch. Weil der Großvater schon zittrig ist und immer mal Essen verkleckert, muss er mit einem Holzteller abseits sitzen. Eines Tages schnitzt der Sohn der Familie eifrig an einem Stück Holz, und als der Vater ihn fragt, was er da tue, antwortet er: „Ich schnitze einen Holzteller für später, für dich und Mama." Von diesem Tag an darf der Großvater immer mit am Tisch sitzen und wie jeder andere von einem Porzellanteller essen.

In der „Lebensschule Erziehungsabenteuer" ist die Reaktion der Kinder auf unser Verhalten als Eltern ein wichtiger Spiegel. In diesem Spiegel können wir uns immer wieder prüfen und gegebenenfalls unser Verhalten korrigieren. Uns Eltern muss bewusst sein: Unser Leben redet lauter als jede Ermahnung – ob wir das wollen oder nicht. Ich kann mein Kind nur mit dem prägen, was ich selbst bin.

Man kann reden, so viel man will, sie machen einem doch alles nach

„Putz bitte noch deine Zähne!", ermahne ich meine 5-jährige Tochter. Ihre spontane Antwort: „Ich hab jetzt keine Zeit, ich muss erst noch was erledigen!" Der Tonfall und die Wortwahl kommen mir bekannt vor. Ich schmunzle vor mich hin und erinnere meine Tochter fünf Minuten später wieder an die Körperpflege.

Ein anderes Mal dringen fröhliche Stimmen aus dem Kinderzimmer. Meine Tochter hat eine Freundin zu Besuch und sie haben sich gerade geeinigt, dass sie nach den Bügelperlen noch mit Knete und Playmobil spielen wollen. Wenig später höre ich meine Tochter in ungeduldigem, gereiztem Ton: „Beeeil dich, wir wollen doch auch noch Knete spielen!" – „Neiiin! Räum jetzt nicht die Puppenkleider raus – jetzt warte ich schon so lange, bis wir endlich Knete spielen!"

Diesmal bleibt mir das Schmunzeln „im Hals stecken". Eine Schwäche von mir ist Ungeduld. Nicht von ungefähr war eines der ersten Worte, das unser Kind sagen konnte: „Nell, nell!"

Kinder lernen von Erwachsenen eine Menge durch Nachahmung. Wir sind, ob wir wollen oder nicht, ein Modell für ihre Entwicklung. So wie wir uns selbst geben, unsere Beziehungen im Alltag gestalten, so wie wir uns neuen Situationen stellen, wie wir auf Schwierigkeiten reagieren – all das prägt unsere Kinder.

Darum: Machen Sie sich klar, welche Verhaltensweisen und Haltungen Sie Ihren Kindern gern vermitteln wollen. Und dann beginnen Sie damit, das Angestrebte selbst zu leben. Wenn Sie einen höflichen und freundlichen Umgangston in der Familie anstreben, dann sollten „bitte", „danke" und eine freundliche Sprachmelodie zu Ihrem eigenen Standardrepertoire zählen. Essen Sie vor allem selbst gesund und ausgewogen, wenn Sie Ihre Kinder langfristig an gesundes Essen gewöhnen wollen. Lesen Sie selbst und schauen Sie mit Ihren Kindern Bilderbücher an, wenn Sie in ihnen die Liebe zu Büchern wecken wollen. Wenn Sie selbst bei kleinen Anlässen schon aus der Haut fahren, ist es nicht verwunderlich, wenn Ihre Kinder Frustrationen genauso verarbeiten. Wie reagieren Sie, wenn Ihnen etwas nicht gelingt? Wie gehen Sie mit Ärger um? All das hat Auswirkungen auf Ihre Familie.

Einerseits übernehmen Kinder das, was wir ihnen vorleben. Andererseits reagieren sie darauf, reiben sich daran und werden auf diesem Wege durch unser Sein und Handeln geprägt.

Was sie hören und sehen, werden sie fühlen

Jedes Kind ist einzigartig und bringt seine Unverwechselbarkeit in die Familie ein. Darum werden Kinder keine Kopien ihrer Bezugspersonen. Auch als Eltern können wir das Verhalten unserer Kinder nicht steuern – Gott sei Dank. Aber wir nehmen großen Einfluss auf sie durch die Art und Weise, wie wir mit ihnen umgehen. Es sind letztlich die Erwachsenen, die die Gesamtatmosphäre einer Familie prägen. Ein Kind kann nur dann „die Familie auf den Kopf stellen", wenn die Erwachsenen das mit sich machen lassen.

Tom (8) ist in letzter Zeit sehr zappelig. Er kann beim Essen nicht still sitzen, bleibt an keinem Spiel so richtig dran und redet den Eltern frech dazwischen, wenn sie sich unterhalten. Der 5-jährige Bruder wird mehr und mehr von diesem Verhalten angesteckt und der Stresspegel bei den Familienmahlzeiten steigt. Auch die Eltern sind in der Gefahr, sich in Stimmlage und Umgangston immer gereizter zu äußern.

Da ziehen sie die Notbremse. Sie besprechen miteinander, an welcher Stelle sie spürbar etwas ändern wollen, und setzen sich dann mit ihren Söhnen zusammen. Es werden klare Regeln für das Verhalten bei Tisch eingeführt. Wer sich nicht an die Regeln hält, wird einmal ermahnt, beim zweiten Mal muss er den Familientisch verlassen und bekommt als Konsequenz für den Rest des Tages keine Süßigkeiten. In Gesprächen trainieren die Eltern wieder konsequenter mit ihren Kindern, dass man sich gegenseitig nicht ins Wort fällt. Außerdem nehmen sie sich vor: Sollte sich an Toms Verhalten in den nächsten zwei Wochen nichts ändern, werden sie Schritte unternehmen, um gegebenenfalls ein hinter dem Verhalten liegendes Problem aufzuspüren, z.B. das Gespräch mit seiner Lehrerin suchen, eventuell auch eine Erziehungsberatung aufsuchen.

Das, was Sie als Eltern glaubwürdig und geradlinig leben, wird sich in der Familienatmosphäre durchsetzen. Insofern ist das Familienleben ein Vergrößerungsglas für unsere eigene Lebensart.

Hand aufs Herz – können Sie gut zuhören? Geben Sie zu schnell auf, wenn Ihnen etwas nicht gelingt? Geben Sie sich oft mit faulen Kompromissen zufrieden, weil Ihnen der Mut fehlt, die Wahrheit zu sagen? Werden Sie schnell ungeduldig und erledigen Sie Dinge doch lieber selbst, wenn Ihr Kind etwas nicht gleich schafft? Legen Sie einen perfektionistischen Maßstab an sich und andere an? Trauen Sie Ihrem Kind etwas Neues zu?

Kinder, die permanent ängstlich „in Watte gepackt" werden, meiden entweder selbst ängstlich Herausforderungen oder brechen irgendwann aus der behüteten Enge aus. Ein Kind, das vermittelt bekommt: „Du wirst nur geliebt, wenn du brav und angepasst bist", hat es schwer, sich in Konfliktsituationen selbst anzunehmen und frei und selbstbewusst seine Meinung zu vertreten. Ein Kind, das sich auch in Konflikten von seinen Eltern wertgeschätzt und angenommen erlebt, kann ein gutes Selbstwertgefühl entwickeln.

Katja (9) wünscht sich ein Handy zum Geburtstag. Die Eltern entscheiden sich dagegen und schenken ihr etwas anderes. Katja ist enttäuscht und wirft ihren Eltern vor: „Ihr seid gemein! Die anderen in der Klasse haben auch alle eines!" Ihre Eltern antworten ihrerseits *nicht* mit dem Vorwurf: „Du bist egoistisch und anspruchsvoll!", sondern signalisieren Verständnis: „Wir können verstehen, dass du enttäuscht bist." Sie erklären ihre Beweggründe: „Andere Eltern sehen das anders, aber uns ist es aus diesem Grund … wichtig, dass du noch kein Handy hast." Sie halten Katjas „Gefühlssturm" aus und vermitteln ihr damit ohne Worte: Es ist okay, wenn du deine Enttäuschung als Zorn zum Ausdruck bringst. Und sie bleiben bei ihrer Haltung, sie ändern nicht ihre Meinung, weil ihr Kind tobt. Katja erlebt zwei wichtige Dinge: Ich werde von meinen Eltern nicht weniger geliebt, wenn ich zornig bin und mich mit ihnen streite. Und: Ich kann mich meinen Eltern widersetzen, sie halten das aus und lassen sich nicht von meinen Launen manipulieren. Beides trägt zur Entwicklung eines festen Selbstwertgefühls bei.

Kinder sind „Gefühls-Spürnasen"

Moritz und Maja haben mit ihren Eltern den Urlaub in einem großen Hotelkomplex verbracht. Als sie ihre gepackten Koffer zum Auto bringen wollen, stellen sie im 14. Stockwerk fest, dass beide Aufzüge ausgefallen sind. Plötzlich beginnt die 3-jährige Maja zu weinen und klammert sich an Mamas Beine. Der 5-jährige Moritz wird ganz still und kaut an seinen Fingernägeln. Die Mutter versucht, die Kinder zu beruhigen: „Schlimmstenfalls tragen wir alles die Treppe runter. Ihr braucht keine Angst zu haben. Das ist einfach nur ärgerlich, aber nicht schlimm."

Als sie später mit einer guten Freundin über dieses Erlebnis redet, wird ihr klar: Sie selbst wird in solch harmlosen Situationen ängstlich, auch wenn es völlig irrational ist. Die Kinder haben – trotz der gegenteiligen Worte – gespürt, was ihre Mutter empfindet, und dieses Gefühl zum Ausdruck gebracht.

Es hilft in dieser Situation nichts, den Kindern ihre Ängstlichkeit abtrainieren zu wollen. Zunächst muss die Mutter an sich arbeiten. Der einzige Mensch, den Sie direkt beeinflussen können, sind Sie selbst. Damit investieren Sie immer auch in die Entwicklung Ihrer Kinder. Denn mit niemandem sonst sind Sie so eng verbunden.

Ein großer Schmerz in meinem Leben sind mehrere Fehlgeburten und die damit verbundene Trauer um unsere verlorenen Kinder. Mit unserer Tochter haben wir ihrem Alter entsprechend darüber geredet. Aber es ist nicht permanent Gesprächsthema. Trotzdem gab es, bevor ihr kleiner Bruder geboren wurde, oft Tage und Wochen, in denen sie intensiv das Thema bewegte, dass sie sich ein Baby wünscht. Es zeigte sich beim Spielen mit Puppen oder mit Freundinnen, beim Malen oder abends am Bett, wenn sie in ihrer kindlichen Art über ihre Zukunft philosophierte. Als wir eine befreundete Familie mit einem neugeborenen Baby besuchten, seufzte sie aus tiefstem Herzen: „Ich wünsche mir so sehr auch mal ein Baby!" Ich spüre immer wieder: Das, was ein großes Lebensthema von mir ist, berührt meine Tochter ganz tief, ob ich es will oder nicht, ob ich mit ihr darüber rede oder nicht. Darum bin ich auch um ihretwillen gefordert, meinen Verlust zu betrauern und gut zu verarbeiten, damit dieses Thema nicht zu einem Tabu oder einer Lebensblockade für sie wird.

Sind Ihre Kinder auch immer gerade dann am anstrengendsten, wenn Sie selbst unter Stress stehen? Das ist kein Zufall, sondern auch eine Folge davon, dass sich unser Angespanntsein durch die Atmosphäre und durch unser Verhalten, unsere Reizbarkeit auf die Kinder überträgt.

Es hat Größe, wenn Eltern zugeben können: „Ich denke, heute gibt es ständig Streit, weil ich so genervt bin." So ein Satz, den man durchaus auch schon einem 4-Jährigen sagen kann, nimmt viel Anspannung aus der Situation. Er hilft, barmherziger mit dem Kind zu sein – und mit sich selbst. Manchmal reicht das schon, und das Miteinander verändert sich dadurch, dass wir uns die Ursache von Spannungen bewusst machen und ansprechen. Wenn das Problem hartnäckiger ist, sollten Sie die Ursache genauer ansehen und etwas dagegen unternehmen. Vielleicht müssen Sie einen unterschwelligen Konflikt mit den Eltern oder Schwiegereltern klären, damit Sie wieder entspannter sein können. Oder Sie sollten Ihre Termine reduzieren. Vielleicht sind auch ganz große Weichenstellungen dran: Wenn z. B. Ihre Wohn- oder Berufssituation so anstrengend ist, dass Ihr Familienleben darunter leidet, ist womöglich aus diesem Grund ein Wohnort- oder Arbeitsplatzwechsel angesagt.

Sind Ihre Kinder auch immer gerade dann am anstrengendsten, wenn Sie selbst unter Stress stehen?

Eltern geben eigene Gefühle weiter – oft unbemerkt

Oft werden Gefühle unbemerkt weitergegeben. Kinder übernehmen unbewusst Schuldgefühle von ihren Eltern. Oder sie entwickeln Ängste, die ihren Ursprung in Befürchtungen der Eltern haben. Unausgesprochene Familiengeheimnisse können noch Generationen später belasten. Wenn die Ehe der Eltern kriselt, kann das Kinder tief greifend verunsichern.

Diese Verunsicherung wirkt umso schlimmer, wenn nicht über die Krise geredet wird. Kinder sollten wissen, dass ihre Eltern sich streiten und sich auch wieder versöhnen. So können sie lernen, dass Konflikte zu einer lebendigen Beziehung dazugehören.[10]

Die Unfähigkeit, Kinder auf gute Art an Konflikten und Versöhnung teilhaben zu lassen, wurzelt meist in der Konfliktunfähigkeit der Eltern. Beantworten Sie doch einmal für sich die folgenden Fragen:

• Wie wurden in Ihrer Herkunftsfamilie Konflikte gelöst oder auch nicht?

- Neigen Sie dazu, Streitigkeiten unter den Teppich zu kehren, weil Sie eine oberflächliche Harmonie nicht gefährden wollen?
- Sind Sie in der Gefahr, unversöhnlich und nachtragend zu sein?

Kinder sind wie ein Vergrößerungsglas für ungelöste oder unbearbeitete Schwierigkeiten in unserem eigenen Leben. Wenn Sie als Eltern an Ihrer emotionalen Reifung arbeiten, tun Sie Unschätzbares für Ihre Kinder.

Beobachten Sie einmal Reaktionen Ihrer Kinder, die Sie überraschen oder die Sie für nicht wünschenswert halten. Erkennen Sie darin etwas über eigene Schwierigkeiten, an denen Sie arbeiten können?

Durchbrechen Sie unheilvolle Muster in der Erziehung

Joachim liebt seine Kinder von ganzem Herzen. Aber er ist frustriert darüber, dass er mit Streitigkeiten im Familienalltag so schlecht umgehen kann. Wenn seine Kinder sich ihm widersetzen, wird er wütend, schreit sie an, verhängt Strafen und oft muss seine Frau einschreiten, damit er nicht handgreiflich wird. An einem Seminarabend für Eltern wird ihm klar, dass er mit seinem Verhalten die Würde seiner Kinder verletzt. Es wird eine lange Nacht, in der er intensiv mit seiner Frau spricht. Ihm wird deutlich: Genau dieses Problem hat seine eigene Kindheit überschattet. Wenn er nicht den Erwartungen seiner Eltern entsprochen hat, wurde er unter Druck gesetzt und kleingemacht. Und das macht es ihm heute schwer, die Würde seiner Kinder zu respektieren, wenn er sich provoziert fühlt. Nachdem Joachim den Kern des Problems erkannt hat, kann er an der richtigen Stelle nach Heilung und Veränderung suchen.

Wir können im Lauf unseres Lebens nicht alle unsere Probleme auf einmal bearbeiten und verändern. Mit manchen Defiziten haben wir uns arrangiert. Wir haben sie auf ein „Abstellgleis" geschoben, ohne einen wirklich guten Umgang damit gefunden zu haben. Wenn Kinder in unserem Leben eine Rolle spielen, werden sie früher oder später an diese „Abstellgleise" rühren. Die Beziehung zu ihnen fordert uns so umfassend, dass wir in neuer Intensität uns selbst und den ungelösten Problemen unserer Person begegnen.

Wer den Umgang mit Aggressionen vordergründig ganz gut im Griff hat, wird eine neue Qualität von Wut kennenlernen. Wer seine Umwelt der eigenen Ungeduld angepasst hat, wird noch einmal neu buchstabieren müssen, was Geduld bedeutet. Wer normalerweise nicht besonders ängstlich ist, wird sich angesichts einer möglichen Gefahr für seine Kinder vielleicht mit ungewohnter Angst konfrontiert sehen. Wenn wir über solche Schwierigkeiten stolpern, sind wir gefordert, uns wieder ein Stück Wahrheit über uns selbst einzugestehen und uns auf einen Reifungsweg zu machen. Wenn uns das gelingt, dann bringt die Erziehung unserer Kinder uns selbst menschlich weiter.

Nehmen Sie Ihren Reifungsweg unter die Füße

Seelisch gesunde Menschen entwickeln sich in einer seelisch gesunden Familie. Weil die Atmosphäre in einer Familie von den Erwachsenen geprägt wird, kommt es darauf an, dass die Eltern seelisch stabil und wirklich erwachsen sind. Das sind sie aber nicht dann, wenn sie vermeintlich fertig sind und nichts mehr zu lernen hätten.

Seelisch stabile und erwachsene Menschen kennen sich selbst, setzen ihre Stärken ein und sind bereit, an ihren Schwächen zu arbeiten.

Seelisch stabil und erwachsen ist ein Mensch, der sich immer mehr seiner selbst bewusst wird, der mit eigenen Stärken gut umgeht und bereit ist, an seinen Schwachpunkten zu arbeiten, sich weiterzuentwickeln. Offenheit und Klarheit im Umgang miteinander sind wichtige Voraussetzungen dafür. Kinder sind für Unechtheit höchst sensibel. Sie spüren, ob wir das sind, was wir sagen. Oft stoßen sie uns mit ihrem Verhalten auf Unstimmigkeiten in unserer Person. Wenn wir spüren, es läuft in der Familie nicht rund, ist das ein Anstoß, einmal innezuhalten und zu prüfen, ob der Sand im Getriebe vielleicht etwas mit uns zu tun hat.

Rolf ist ein aufmerksamer Ehemann und liebevoller Vater von zwei Töchtern. Er fährt mit seinen Kindern zu Vater-Kind-Wochenenden und nimmt sich auch im Alltag Zeit für sie. Obwohl er und seine Frau sich die Haushaltspflichten aufteilen, wird ihnen oft alles zu viel. Paula (7) und Sophie (3) sind abends vor 22 Uhr nicht ins Bett zu kriegen. Paula ist recht eigenwillig. Sie ist manchmal einfach verschwunden, und die Eltern wissen nicht, wo sie ist. Sophie kann andere mit ihrem Charme um den Finger wickeln, aber sobald ihre Eltern versuchen, ihr etwas zu verbieten, braucht sie nur tüchtig zu schmollen. Wenn sie dann noch sagt: „Böser Papa! Du hast mich ja gar nicht lieb!", dann kann Rolf ihr gar nichts mehr abschlagen. Immer wenn seine Töchter sich unglücklich fühlen, hat Rolf das Gefühl, er habe versagt. Angestoßen durch ein Erziehungsseminar kommt er sich schließlich auf die Schliche. Es sind in erster Linie nicht seine Töchter, die keine Grenzen verkraften können, sondern er selbst, weil er es nicht aushält, wenn sie auf ihn ärgerlich sind. Unbemerkt hat er seinen Selbstwert von der Anerkennung seiner Töchter abhängig gemacht.

Gott hat jeden von uns als Original geschaffen und will nicht, dass wir als Kopien sterben. Wenn sich etwas ändern muss in unserem Leben, dann sollen wir nicht weniger, sondern immer mehr und im besten Sinne wir selbst werden. Gott möchte, dass wir mit all dem, was unsere Lebensgeschichte ausmacht, zu immer liebevolleren und heileren Menschen werden. Und zwar nicht, damit wir es dann irgendwann endlich verdient hätten, geliebt zu werden, sondern weil wir schon längst geliebt sind. Weil Gott uns seine Wertschätzung schenkt, können wir uns selbst als wertvoll empfinden, können wir ein Selbstwert*gefühl* entwickeln.

Das klingt recht einleuchtend. Aber wir alle wissen: Wir tun uns meist sehr schwer damit, uns als geliebt, anerkannt und wertvoll zu empfinden. Bei den meisten Menschen hat das Selbstwertgefühl Schaden genommen – mal mehr, mal weniger. Daraus ergibt sich für Eltern eine besondere Gefahr: die Versuchung, ihre Anerkennung, die Wertschätzung, die sie nötig haben, aus der Liebe ihrer Kinder zu beziehen, so wie Rolf. Aber wer von der Anerkennung seiner Kinder abhängig ist, kann ihnen zu wenig Halt geben und schadet ihnen damit. Der Ausweg aus dieser Falle kann nur immer wieder sein, dass wir Eltern die Ungereimtheiten in unserem Leben bearbeiten und für unsere Verletzungen Heilung suchen.

Das, was wir sind, ist prägender als das, was wir sagen. Das kann uns als Eltern entlasten. Es kommt im Familienalltagschaos nicht darauf an, dass wir eine perfekte „Choreografie" hinlegen und nicht „patzen". Auch wenn wir Fehler machen und versagen, wird unsere Persönlichkeit, unsere Weise, das Leben und den Alltag zu bewältigen, unser Sein die Kinder viel mehr prägen als konkrete Pannen.

Viele Menschen haben ein beschädigtes Selbstwertgefühl. Für Eltern birgt es die Gefahr, die benötigte Anerkennung aus der Liebe ihrer Kinder zu beziehen.

Andererseits fordert uns diese Wahrheit heraus, uns nicht mit unseren Macken abzufinden, sondern selbst immer wahrhaftiger und reifer zu werden. Diese Wachstumsarbeit an uns selbst ist ein kostbares Geschenk für die Charakterentwicklung unserer Kinder.

12 Eltern sind unersetzlich

Unsere Gesellschaft wird immer älter. Im Jahr 2030 soll es, so die Statistik, ebenso viele Rentner geben wie Arbeitnehmer. Aufgrund dieser Tatsache steht das Thema Kinder und Familie zwangsläufig auf der Tagesordnung aller politischen Parteien. Das ist gut so. Und es muss noch viel mehr passieren, damit Familien finanziell gut versorgt sind und Kinder optimale Bildungschancen bekommen.

Aber es wäre eine Illusion, zu denken, dass gute pädagogische Einrichtungen die Familie ersetzen könnten. Kinder brauchen in erster Linie ein Zuhause. Kinder brauchen Eltern. Sie brauchen Eltern, zu denen sie gehören, die ihnen nicht nur Zuwendung schenken, weil das so im Betreuungsvertrag steht, sondern die ohne Wenn und Aber zu ihnen halten.

Manchmal mag es sich leichter anfühlen, die Erziehung an Profis zu delegieren. Aber kein Profi kann Kindern die unauflösliche Zugewandtheit geben, die Eltern ihren Kindern entgegenbringen – durch alle Auseinandersetzungen und Ratlosigkeiten hindurch. Was im Kindergarten oder Schulhort antrainiert wird, prägt die Persönlichkeit nicht so tief wie das, was miteinander in der Familie wahrhaftig und echt gelebt wird. Sie als Mutter und Vater haben eine unvergleichliche Bedeutung für Ihr Kind.

Bejahen Sie, dass Sie als Eltern die wichtigsten Bezugspersonen sind. Sie müssen dazu nicht perfekt sein, Sie sollten es nicht einmal. Denn perfekte Eltern würden die Kinder entmutigen. Anders ausgedrückt von dem amerikanischen Priester und Autor Brennan Manning: „Das Problem mit unseren *Idealen* besteht darin: Wenn wir sie erreichen, kann man mit uns nicht mehr *leben*." Teilen Sie Ihr ureigenes Leben, schenken Sie Ihren Kindern sich selbst – das ist das, was sie brauchen: echte Menschen, die auch mal fallen, aber danach wieder aufstehen.

Dass Sie als Eltern unersetzlich sind, bedeutet nicht, dass Sie die Last der Erziehung allein schultern müssen. Großeltern, Verwandte, Erzieher, Lehrer, Freunde der Eltern sind wertvolle Ergänzungen.

Mit ihnen sollten Sie sich verbünden. Wenn im Kindergarten Probleme auftauchen, dann arbeiten Sie mit den Erzieherinnen zusammen – das ist das Beste fürs Kind. Wenn es in der Schule schwierig wird, helfen Sie Ihrem Kind nicht, wenn Sie gemeinsam über den Lehrer „herziehen". Bleiben Sie lieber mit dem Lehrer wertschätzend im Gespräch und suchen Sie gemeinsam mit ihm nach Lösungen, notfalls auch mal mit dem Vorgesetzten des Lehrers. Sie als Eltern sind die Schlüsselpersonen. Wenn Sie gemeinsam mit anderen an einem Strang ziehen, kommt das Ihrem Kind zugute.

Die Harmonie-Falle
oder: Trauen Sie sich, unbequem zu sein?

Wenn die 3-jährige Tina nicht ihren Willen bekommt, brüllt sie: „Du bist gemein und böse!" Ihre Mutter fühlt sich dann jedes Mal schrecklich und gibt bei der nächsten Auseinandersetzung, die ins Haus steht, schnell mal nach. Mit Tina und dem Baby ist sie oft am Rand der Überforderung. Also meldet sie Tina ganztags im Kindergarten an, in der Hoffnung, dass die Erziehung und Grenzsetzung größtenteils dort passiert. Die paar gemeinsamen Stunden am Abend versucht sie ohne größere Streitigkeiten hinter sich zu bringen.

Die Erziehung von Kindern kann gar nicht dauerhaft harmonisch verlaufen. Kleinkinder haben unrealistische Allmachtsvorstellungen, und sie kommen später nur zurecht, wenn diese Vorstellungen behutsam von der Realität korrigiert wurden. Kinder müssen lernen, dass die Welt nicht deckungsgleich ist mit ihrem Willen und dass sie die Erfüllung ihrer Wünsche nur erreichen, wenn sie sich an die „Naturgesetze" des Lebens halten. Sie müssen im Elternhaus erfahren, dass andere Menschen sich nicht benutzen und dirigieren lassen wie ein Gegenstand.

Deshalb brauchen sie Erwachsene, die sie lieben und die gerade deswegen nicht allen ihren Launen nachgeben. Kinder, die immer nur weiche und nachgiebige Erwachsene erleben, werden gerade nicht besonders liebevoll, sondern egoistisch und rücksichtslos. Der erfahrene Kinderpsychologe Wolfgang Bergmann formuliert zugespitzt: „Ohne Liebe wird ein Mensch nicht menschlich, aber ohne Verzicht auch nicht."[11]

Kinder brauchen Eltern, die ihnen ohne Vorbedingungen Geborgenheit schenken und in diesem Rahmen auch Grenzen setzen und Disharmonie aushalten. Nur dann können sie beziehungsfähig und emotional kompetent werden.

Wenn Eltern zu nachgiebig sind, hat das in der Regel mit ihnen selbst zu tun. Vielleicht wollen sie nicht autoritär oder „spießig" wirken. Vielleicht beziehen sie unbewusst ihr eigenes Selbstwertgefühl aus dem Bild, das ihre Kinder von ihnen haben als „coole Kumpel", die mehr erlauben als andere. Aber Kinder brauchen keine „Kumpel", sie brauchen Eltern: ein erwachsenes Gegenüber. Das erfordert, dass Sie als Eltern es bejahen, die Rolle einer guten Autorität in Ihrer Familie zu übernehmen. Das bedeutet, dass Eltern in Gelassenheit und Großzügigkeit als glaubwürdige Persönlichkeiten Kindern ein festes Gegenüber sind, an dem sie Halt finden. Das beinhaltet auch, Kindern den notwendigen Widerstand zu bieten, an dem sie stark werden können.[12]

Auch wenn es manchmal einfacher wäre, Kinder stundenlang Kika schauen oder Gameboy spielen zu lassen. Eltern tun ihrem Nachwuchs etwas Gutes, wenn sie darauf bestehen, dass Abmachungen eingehalten werden und z. B. der PC nach einer bestimmten Zeit abgeschaltet wird. Eine Mutter, die ihren Sohn nicht automatisch

> „Ohne Liebe wird ein Mensch nicht menschlich, aber ohne Verzicht auch nicht." (Wolfgang Bergmann)

mit dem Auto zur Schule fährt, wenn er mal wieder verschlafen hat, fordert ihn damit heraus, Verantwortung für sich zu übernehmen.

Ein Kind ist geborgen, wenn Eltern sich lieben

Kinder brauchen nicht nur die Mutter, sondern auch den Vater. Beide haben in ihrer Einzigartigkeit und in Ergänzung zueinander den Kindern Wichtiges zu geben. Auch wenn in den meisten Familien nicht beide Elternteile gleich viel Zeit für den Nachwuchs haben, ist es doch wichtig, dass beide eine Bedeutung haben.

Eltern sollen sich nicht gegeneinander ausspielen lassen, sondern zueinanderstehen und einander den Rücken stärken. Das gelingt am besten, wenn die Liebesbeziehung zwischen Mann und Frau lebendig ist. Eines der größten Geschenke, die Eltern ihren Kindern machen können, ist, dass sie sich gegenseitig lieben. Das erfordert, dass Eltern nicht nur die Bedürfnisse der Kinder im Blick haben, sondern auch die Paarbeziehung pflegen. Das Wohlergehen der ganzen Familie profitiert davon, wenn Sie als Paar einander achten und sich gegenseitiges Verständnis durch offene Gespräche erarbeiten, wenn Sie einander glücklich machen und miteinander das Leben genießen.

- Welche Zeiten genießen Sie als Paar zu zweit? Wo erleben Sie Spaß und Lebensfreude miteinander?
- Welches gemeinsame Hobby pflegen Sie?
- Wann nehmen Sie sich Zeit, um einander in aller Ruhe mitzuteilen, wie es in Ihrem Herzen aussieht?
- Wann haben Sie Ihrem Partner das letzte Mal gesagt, was Sie an ihm schätzen und warum Sie sich wieder für ihn entscheiden würden?

Eine glückliche Liebesbeziehung gibt Kraft für kraftraubende Zeiten, die im Leben mit Kindern nicht ausbleiben. Emotionale Kompetenz beinhaltet, dass wir bei Problemen in der Partnerschaft nicht fragen: Habe ich den falschen Partner geheiratet? Sondern: Was kann *ich* jetzt dafür tun, dass unsere Beziehung weiter wächst? Wie kann *ich* reifer und beziehungsfähiger werden?

Eine durch Krisen hindurch erarbeitete glückliche Partnerschaft tut nicht nur Mann und Frau gut, sondern bietet Kindern ein Nest von Geborgenheit, aus dem heraus sie fröhlich die Welt „erobern" und bereichern können.

Leider gibt es schmerzliche Lebenssituationen, in denen es zu spät ist, um eine kriselnde Partnerschaft noch zu retten, in denen es nicht mehr zu ändern ist, dass Kinder bei nur einem Elternteil leben. Auch dann ist es erstrebenswert, dass sie so weit wie möglich auch die Beziehung zum anderen Elternteil pflegen können. Und wo das nicht mehr geht, kann es hilfreich sein, andere Bezugspersonen zu suchen, die Mutter oder Vater ein kleines Stück weit ersetzen.

Wert-volle Entscheidungen treffen

Elternzeit, Tagesmütter, Krabbelstuben, Kindergärten, Ganztagesschule, Hort – diese Angebote machen es heute möglich, dass Familie sehr unterschiedlich organisiert werden kann – von traditionell (Vater geht arbeiten, Mutter ist Familienfrau) über umgekehrte Rollenverteilung bis zum gemischten Engagement (beide arbeiten Teilzeit und teilen sich auch die Zeit mit ihren Kindern). In der Frage, welche dieser Formen am besten ist, gibt es kein einfaches Richtig oder Falsch. Gut ist das, was Eltern

„Kinder buchstabieren Liebe so: Z-E-I-T."

und Kindern langfristig guttut. Und das muss jede Familie für sich herausfinden. Auf keinen Fall sollten Familien einfach in der Masse der Gesellschaft mitschwimmen und etwas tun, weil es die meisten so machen. Entscheiden Sie sorgfältig, welche Betreuungsangebote Sie annehmen und wie viel Zeit Sie bewusst selbst mit den Kindern verbringen wollen.

Auch wenn es manchmal so scheint, als hätten Eltern aus finanziellen Gründen keine Wahl, lohnt ein zweiter Blick:
- Wie stellen wir uns unser „Wunsch-Familienleben" vor?
- Was spricht dafür, dass beide arbeiten? Ist es nur das Einkommen?
- Welche Kosten entstehen durch die doppelte Berufstätigkeit (Zweitwagen, Kosten für Betreuungszeiten, Kleidung)?
- Wie viel Geld brauchen wir als Familie wirklich?
- Verlieren wir durch Einsparungen und möglicherweise einen kleinen „Rückschritt" im Lebensstandard an der einen oder anderen Stelle wirklich so viel, wie wir andererseits an Lebensqualität gewinnen, wenn wir Eltern mehr Zeit haben?
- Wäre ein „Sparprogramm" ohne Markenkleidung und teuren Urlaub zumindest für die Kleinkindzeit eine Option?

Für die gesunde Entwicklung von Kindern ist Zeit wichtiger als Materielles. „Kinder buchstabieren Liebe so: Z-E-I-T", hat einmal jemand gesagt. Aber manchmal ist es auch leichter, Kinder durch materielle Geschenke vordergründig zufriedenzustellen, als die Turbulenzen des Familienalltags auszuhalten. Manche teuren Geschenke sind vermutlich nicht ganz frei vom schlechten Gewissen der Eltern. Aber Kinder, die von ihren Eltern weniger teures Spielzeug gekauft und dafür mehr Zuwendung bekommen, sind besser dran. Kinder können materielle Frustrationen („Der Freund hat ein superteures neues Fahrrad und ich nicht") verkraften, es kann sie sogar stark machen, wenn sie stattdessen Zeit und Wertschätzung ihrer Eltern erfahren.

Die Schmerzgrenze ist bei jeder Familie anders. Darum sollten Sie selbst gründlich abwägen, was für Sie der beste Weg ist. Folgende Fragen können dabei helfen:

- Bedeutet die Berufstätigkeit für beide Eltern Sinn und Erfüllung?
- Können Sie in Ihrem Beruf Begabungen entfalten und etwas Wertvolles bewegen?

Wenn beide Eltern ihren Beruf lieben und glücklicher sind, wenn sie auch ihre beruflichen Fähigkeiten einsetzen können, dann lohnt es sich, ein gemischtes Modell zu entwickeln und einen guten Betreuungsplatz für Kinder zu suchen. Glückliche Eltern sind die besten Eltern. „Verbiesterte" Mütter oder Väter, die ihren Kindern (unausgesprochen) vorwerfen: „Du hast mir meine Chancen vermasselt", tun ihrem Nachwuchs damit keinen Gefallen.

Vielleicht hilft Ihnen auch folgende Frage bei der Entscheidung über Ihr Familienmodell:

- Wenn wir einmal in 40 Jahren auf unser Leben zurückblicken werden, was wird dann Bedeutung haben?

Die Kleinkindzeit erfordert Verzicht. Aber es kann ungeheuer beglückend sein, wenn Kinder ihren Eltern später einmal sagen: Schön, dass ihr Zeit für mich hattet. Treffen Sie also *wert*-volle Entscheidungen. Fragen Sie sich: Was hat wirklich Bestand und einen Wert über Jahrzehnte hinaus?

Mit den Augen des Herzens schauen

Manchmal gibt es in der Beziehung zu meiner Tochter Momente, in denen die Zeit stillsteht. Ich betrachte ihr Gesicht, wenn sie schläft, oder es rührt mich zutiefst an, wie sie in eine Beschäftigung versunken ist und die Welt um sich herum vergisst. Ein Satz von ihr zeigt mir, wie sehr sie mit anderen Menschen mitfühlt. Oder mich durchzuckt ein Schmerz, weil ich spüre, wie feinfühlig sie ist, wie viel es ihr ausmacht, wenn sie hinter meinen Erwartungen zurückgeblieben ist.

In solchen Momenten empfinde ich eine Mischung aus Glücksgefühl und Demut: Ich darf dieses Mädchen ins Leben begleiten, am Wunder ihres Werdens teilhaben, sie unterstützen von den ersten wackeligen Gehversuchen bis zu den Ablösungskämpfen in der Pubertät. Das berührt mich tief im Herzen. Ich staune und bin dankbar, dass ich Mutter genau dieses Kindes sein darf.

Wolfgang Bergmann empfiehlt Eltern, diesen Blick auf ihr Kind immer wieder bewusst zu suchen. Er schreibt: „Kinder spüren diesen Blick. Nein, sie saugen ihn auf, sie atmen ihn ein. Sie lassen sich von diesem mütterlichen Schauen durchdringen."[13]

Sehen Sie Ihr Kind immer wieder in ruhigen Momenten an und lassen Sie innere Bilder in sich aufsteigen:
- wie es nach der Geburt in Ihren Armen lag und Sie seinen Geruch aufgesogen haben;
- wie es Sie zum ersten Mal angelächelt hat;
- wie sein Kleinkind-Plappern klang;
- wie es übermütig durch die Wohnung krabbelte und sich voller Stolz am Sofa hochzog.
- Erinnern Sie sich noch an die ersten Meter auf dem Fahrrad oder an das erste selbst gebastelte Geburtstagsgeschenk?
- Wie hat es sich angefühlt, als dieser kleine Mensch Ihnen die Ärmchen um den Hals legte und Ihnen einen nassen, klebrigen „Schmatz" auf die Wange drückte?

Solche Erinnerungen wecken Gefühle in uns, die in anstrengenden Zeiten den Blick zurechtrücken. Sie machen uns bewusst, was wir nicht wollen:

- dass dieses Kind sich ständig ungenügend fühlt;
- dass es mit einem Grundgefühl der Angst lebt;
- dass es sich abgelehnt fühlt;
- dass es durch meine Gefühlsausbrüche verletzt wird;
- dass es durch meine perfektionistischen Ansprüche verunsichert wird.

Und sie rücken ins Bewusstsein, was wir wollen:
- dass dieses Kind sich meiner Liebe felsenfest gewiss ist;
- dass es sich von mir aufgefangen fühlt, wenn die Umstände ihm den Boden unter den Füßen wegziehen;
- dass es sich etwas zutraut, weil wir Eltern ihm den Rücken stärken;
- dass es seine Einzigartigkeit entfalten und Liebe empfangen und schenken kann;
- dass es lebenstüchtig ist, weil wir ihm die richtige Mischung aus Geborgenheit und Loslassen, Entfaltung und Begrenzung, Herausforderung und Nachsicht mitgegeben haben.

Dieses „Erinnerungstraining" hilft, auszusteigen aus eingeschliffener Nörgelei, von der sich das Kind unter Druck gesetzt fühlt. Unter einem Blick, der von solchen Erinnerungen unterfüttert ist, fühlt sich das Kind wohl. Seine Seele bekommt Nahrung als Wegzehrung für seine emotionale Entwicklung.

13 Das ABC der Familienatmosphäre

Annette unterhält sich mit ihrer Freundin auf der Terrasse, während die Kinder von beiden im Garten spielen. Sie erzählt, dass ihr 6-jähriger Sohn Leo immer noch einnässt. Während sie Einzelheiten ausmalt, nimmt sie in Kauf, dass die Kinder alles mithören. Auf einmal fängt Leo an, sich auffällig zu benehmen. Er fährt mit dem Fahrrad in die Blumenbeete, kickt den Ball in Nachbars Garten und ärgert seine kleine Schwester. Annette ist gezwungen, sich ihm zuzuwenden und dafür ihren peinlichen Bericht zu unterbrechen.

Leos Reaktion macht deutlich, dass der offene Bericht seiner Mutter ihn in seiner Intimsphäre verletzt hat. Annette hatte nichts Böses im Sinn. Sie wollte sich eigentlich nur ihren Kummer von der Seele reden. Besser wäre gewesen, sie hätte sich ihre Hilflosigkeit und ihre unterschwellige Wut auf Leo eingestanden und diese mit einer Freundin unter vier Augen besprochen.

Kinder haben eine eigene Würde

Oft merken Eltern es gar nicht, wenn sie durch ihr Verhalten ihre Kinder in ihrer Würde verletzen. Kinder – egal welchen Alters – sind sensibler, als ihr Verhalten es oft vermuten lässt.

Sie können es sich gar nicht oft genug klarmachen: Mein Kind hat – wie jeder Erwachsene – ein Recht darauf, dass ich seine Würde als Person achte.

Es kann die Gefühle von Kindern verletzen, wenn ihr Übergewicht, ihre gesundheitlichen oder Verhaltensprobleme in offener Runde zum Thema gemacht werden. Sobald Eltern ein Signal des Kindes wahrnehmen, dass ihm ein Thema peinlich sein könnte, sollten sie das Thema abbrechen und sich gegebenenfalls beim Kind entschuldigen.

> *„Die Würde des Menschen ist unantastbar." Das gilt in besonderem Maß für Kinder, die noch nicht selbst für ihr Recht einstehen können.*

Es kann ein Kind verletzen, wenn zwei Erwachsene sich in seinem Beisein frustriert oder lieblos darüber auslassen, wie viel Mühe und Nerven es seine Mutter kostet oder dass es ja immer noch nicht in der Lage ist, sich mal allein vollständig anzuziehen oder …

Es kann für Kinder entwürdigend sein, wenn sie vor ihren Freunden bestraft werden. Besser ist es, das Kind kurz zur Seite zu nehmen und die Sache unter vier Augen zu klären. Auch wenn keine Freunde zuschauen, macht es einen riesigen Unterschied, ob Eltern ihre Kinder zurechtweisen, ihnen Grenzen setzen, sie die Konsequenzen ihres Verhaltens erleben lassen und sie dabei als Person achten – oder ob Erwachsene ihre eigene Wut und Frustration an den Kindern auslassen. Der Unterschied liegt oft nur in einer Nuance in unserem Tonfall, in der Art, wie wir nach dem Vorfall zur Versöhnung bereit sind bzw. dem Kind eine Brücke bauen, die signalisiert: Es ist alles in Ordnung zwischen uns. Beiläufiger Spott kann Kinder tief verletzen. Er entspringt nicht der Überlegenheit, sondern der Unsicherheit von Erwachsenen. Der dänische Familientherapeut Jesper Juul schreibt: *„Ernst genommen werden Eltern vor allem, wenn sie die Kunst beherrschen, ihre Kinder ernst zu nehmen. Darüber hinaus müssen sie es natürlich unterlassen, ihre Kinder zu kritisieren, sie zu demütigen oder lächerlich zu machen."*[14]

Wenn Sie selbst gelernt haben, für Ihre eigenen Gefühle Verantwortung zu übernehmen, können Sie Ihre Kinder auch dann, wenn Sie sie zurechtweisen, respektvoll behandeln. Wenn Sie Ihrem Kind zu verstehen geben, dass sein Verhalten nicht akzeptabel ist, dann fällen Sie dabei keine Urteile über seinen Wert. Vermeiden Sie Aussagen wie: „Du bist unmöglich! Immer musst du deine Schwester ärgern!" Sagen Sie lieber: „In unserer Familie unterstützen wir einander. Ich möchte, dass du dich bei deiner Schwester entschuldigst."

Kinder sollen erleben: „Auch wenn ich Fehler mache, werde ich als Person respektiert. Auch wenn ich mich danebenbenommen habe, verliere ich nicht meine Würde."

> *Kinder sollen erleben: „Auch wenn ich mich danebenbenommen habe, verliere ich nicht meine Würde."*

Vertrauen nähren

Kinder brauchen eine Atmosphäre des Vertrauens. Die entsteht, wo sie erleben: „Wenn ich wirklich jemanden brauche, sind meine Eltern für mich da." Vertrauen wächst, wo Eltern eine liebevolle und klare Autorität vorleben. Denn Kinder können sich einem Erwachsenen nur anvertrauen, wenn er gefestigt, verlässlich und reifer ist als sie selbst. Vertrauen gedeiht dort, wo Kinder erleben, dass Eltern konsequent sind und dass ihr Reden und ihr Tun übereinstimmen.

Versuchen Sie nicht, Ihr Kind „auszutricksen", um ein Verhalten zu erzielen, das Sie anstreben. Tun Sie alles, damit Ihr Kind erlebt: Auf das, was meine Mutter und mein Vater sagen, kann ich mich verlassen!

Wenn doch einmal ein Versprechen nicht gehalten werden kann, ist es wichtig, dass auch Erwachsene zu ihrem Versagen stehen und um Verzeihung bitten. Kinder, die sich sicher und geborgen fühlen und die erleben, dass ihnen ihre Fehler vergeben werden, sind sehr leicht bereit, das Versagen von Erwachsenen zu verzeihen, wenn es benannt wird.

Zeit und Zuwendung

Nach einem ausgiebigen Laternen-Bastelnachmittag, der mich ein gutes Stück Überwindung gekostet und die Küche in ein Chaos verwandelt hatte, sagte unsere Tochter einmal aus vollem Herzen: „Ihr macht echt schöne Sachen mit mir!" Für so einen glücklichen Seufzer lohnt sich auch mal ein größerer Aufwand.

Aber es müssen nicht immer große Aktionen sein. Der ganz normale Alltag bietet zahllose Gelegenheiten, Ihrem Kind zu vermitteln: Ich freue mich, dass es dich gibt, und ich bin gern mit dir zusammen. Berührung (angemessene, natürlich!), Ansprache und Nähe zeigen Ihrem Kind: Ich bin gewollt und geborgen. Bei einem Baby ist es das Hoppe-Reiter-Spiel, das spaßige Miteinander-Krabbeln-Üben oder das Kitzeln bis zum glucksenden Lachen, bei einem Kleinkind der gemeinsam gebaute Lego-Turm oder das vorgelesene Bilderbuch, bei einem Kindergartenkind ein Spielplatzbesuch oder die Gute-Nacht-Geschichte, bei einem Schulkind das Dabeisein bei einem Fußballspiel, der Nachmittag im Schwimmbad oder schlicht ein offenes Ohr für das, was es vom Schulalltag erzählen will. Wenn ein Kind aus Angst vor dem Piks beim Arzt weint, kann ich signalisieren: „Ich bin bei dir. Wir stehen das miteinander durch." Wenn ein Kind sich etwas von der Seele reden will, tut es gut, wenn ich dafür auch mal die Hausarbeit liegen lasse, um mich ihm ganz zuwenden zu können.

Jedes Kind braucht auf seine Weise Schmuseeinheiten und Berührungen (nicht solche, mit denen ein Erwachsener das Kind missbraucht, um seine eigenen Bedürfnisse zu erfüllen, sondern Berührungen, die die Integrität des Kindes wahren, die feinfühlig auf seine Nähe- und Distanzbedürfnisse reagieren und ihm Geborgenheit schenken). Während sich die einen gern ankuscheln, genießen andere die Nähe lieber beim Toben. Eine ermutigende Hand auf der Schulter, wenn es bei den Schularbeiten nicht läuft – all das stillt die emotionalen Bedürfnisse von Kindern nach Vergewisserung, Gehaltensein und Nestwärme.

In der Pubertät entstehen Kämpfe zwischen Eltern und Jugendlichen in neuer Dimension. Aber auch dann ist das Wichtigste nicht, dass Jugendliche keine grünen Haare oder zerrissene Jeans tragen, sondern dass die Beziehung nicht abreißt. Oft unbewusst und ohne Worte vermitteln Eltern ein Tabu, z. B.: „Du darfst alles – nur nicht rauchen!" Oder: „Du darfst alles – nur nicht in der Schule sitzen bleiben." In Wirklichkeit ist wichtiger als alles andere, dass Teenager unter der zur Schau getragenen Aufmüpfigkeit das Grundvertrauen in ihre Eltern nicht verlieren. Reagieren Sie lieber mal zu großzügig statt zu riskieren, dass Teenager nicht mehr die Wahrheit sagen. Viel schlimmer als rauchen ist, wenn Kinder es heimlich tun und ihre Eltern belügen.

Jugendliche sollten erleben: „Meine Eltern finden zwar einige meiner Verhaltensweisen nicht gut. Das sagen sie mir offen, und hier und da setzen sie mir eine Grenze. Aber ich weiß felsenfest: Sie lieben *mich* trotzdem. Ich muss ihnen nichts verheimlichen, sie sind vertrauenswürdig und können auch mal über ihren Schatten springen."

Nichts stärkt einem Heranwachsenden so sehr den Rücken wie das Vertrauen seiner Eltern. Es lässt Selbstvertrauen wachsen – und daran mangelt es pubertierenden Jugendlichen in großem Maß. Seien Sie als Eltern diejenigen, die stellvertretend für Ihr Teenie-Kind an es glauben. Dieses Vertrauen auf Vorschuss führt sehr häufig dazu, dass nach einer Ablösungsphase viele Werte der Eltern ins eigene Lebenskonzept integriert werden.

> *Nichts stärkt einem Heranwachsenden so sehr den Rücken wie das Vertrauen seiner Eltern.*

Zuwendung zu schenken fällt nicht immer leicht. Beziehung erfordert auch den willentlichen Entschluss und die Arbeit daran. Aber diese Arbeit lohnt sich langfristig. Kinder, die erleben, dass ihre Eltern wirkliches Interesse an ihnen haben, fühlen sich wertvoll, kommen mit Frustrationen besser zurecht und werden beziehungsfähig.

Spaß haben

Am leichtesten fällt es, den Kindern Zeit zu schenken, wenn gemeinsame Freizeitaktivitäten allen Spaß machen. Als unsere Tochter drei Jahre alt war, entdeckten wir, dass sie an Waldspaziergängen per Laufrad große Freude hatte. Sie suchte sich Stöcke und spielte „Kehrmaschine", sammelte im Herbst Kastanien und Hagebutten. Und uns tat die Bewegung in der frischen Luft gut.

Als ich selbst noch ein Kind war, hatten meine Eltern wenig Zeit, um mit uns zu spielen. Sie waren selbstständig und haben „gefühlt" rund um die Uhr gearbeitet. Nur sonntags hatten sie frei. Den größten Teil des Sonntags ruhten sie sich aus, und wir mussten uns allein beschäftigen. Aber abends spielten wir oft als ganze Familie zusammen „Mensch ärgere dich nicht". Ich kann nicht erklären, warum, aber wir hatten dabei immer eine Menge zu lachen und haben uns allesamt entspannt.

Wolfgang Bergmann ist der Meinung: „*Wer seinen Kindern allzu oft die Freude verdirbt, der kann so viel Erziehungsregeln beachten, wie er will, er macht alles falsch.*"[15] Spaß ist „der kleine Bruder" der Lebensfreude. Das Leben ist ernst genug. Lachen entspannt. Eine Familie, die häufig miteinander (nicht verletzend übereinander) lacht, bringt auch mehr Kraft auf, um Schwierigkeiten zu bewältigen. Investieren Sie also klug und entwickeln Sie Ihre eigene Fröhlichkeits- und Spaßkultur:

Was tun Sie einfach gern? Was macht Ihnen so richtig Spaß? Erstellen Sie eine Liste und sammeln Sie darauf alle Aktivitäten, die Ihnen richtig Freude machen oder bei denen Sie gut von allen alltäglichen Problemen abschalten können.

Worüber können Sie so richtig lachen?

Planen Sie mindestens einmal in der Woche eine der gesammelten Aktivitäten ein und erleben Sie sie als Familie gemeinsam.

PS. Natürlich darf jedes Familienmitglied mal „der Bestimmer" sein.

Dankbarkeit und Lebensfreude

Frau Sänger erlebte als junge Frau den Zweiten Weltkrieg. Während ihr Mann als Soldat an der Front war, wurde das Haus, in dem sie wohnten, ausgebombt. Ohne jegliches Hab und Gut musste sie aus Berlin fliehen und ließ sich schließlich in einer süddeutschen Kleinstadt nieder. Ihr Mann kehrte aus dem Krieg zurück, starb aber einige Jahre danach. Frau Sänger blieb ein Leben lang Witwe. Ihr Kinderwunsch blieb unerfüllt. Bis ins hohe Alter lebte sie in einer kleinen Wohnung von einer kleinen Rente.

Aber sie bekam regelmäßig Besuch. Sie hatte eine Ausstrahlung, die auf andere anziehend wirkte. Aus ihren Augen „zwinkerte" der Humor, und ich dachte bei Begegnungen mit ihr mehr als einmal: So möchte ich auch alt werden.

Einmal, sie war fast neunzig Jahre alt, fragte ich sie, was ihr hilft, ihr Leben so fröhlich und zuversichtlich zu leben. Und sie antwortete: „Ich habe immer versucht, dankbar zu sein. Gott hat mir so viel Gutes geschenkt." Von meiner Perspektive aus hätte ich Frau Sänger für ihre Lebensgeschichte eher Mitgefühl entgegengebracht. Aber die Brille der

Dankbarkeit ließ sie selbst ihr Leben anders beurteilen und weckte in ihr eine Zufriedenheit, die ansteckend wirkte.

Dankbare Menschen sind emotional gesunde Menschen. Sie wissen zutiefst, dass sie ihr Leben nicht sich selbst zu verdanken haben. Sie treffen immer wieder die Entscheidung, das Gute, das ihnen widerfährt, nicht als selbstverständlich zu betrachten, sondern es wahrzunehmen und wertzuschätzen. Das hat nichts damit zu tun, dass diese Menschen wirklich mehr Gutes erfahren als andere, sondern sie sehen und bewerten das, was ihnen begegnet, anders. *„Dankbarkeit sieht nicht andere Dinge, sondern sieht Dinge anders."*[16] In erster Linie ist Dankbarkeit eine Willensentscheidung. Und dann färbt sie das ganze Leben ein – nicht rosarot, aber leidenschaftlich bunt. Aus Dankbarkeit wächst Lebensfreude. Und Lebensfreude weckt neue Dankbarkeit.

> *Geben Sie dem Dank und der Freude mehr Raum als dem Missmut und der Klage.*

„Wie sagt man?" Wer kennt diese Frage nicht aus seiner Kindheit zur Genüge. Ein kleiner Junge hat darauf einmal geantwortet: „Das finde ich gemein, dass man sich nicht mal bis zu Ende freuen darf." Und er hat recht: Ehrliche Freude ist ein besserer Ausdruck von Dankbarkeit als eine andressierte Höflichkeitsformel.

Wie werden Kinder zu dankbaren Menschen? Nicht, indem wir sie ständig dazu anhalten, danke zu sagen. Eher schon dadurch, dass wir selbst nicht nur über das Negative klagen, sondern unsere Freude ausdrücken. Geben Sie dem Dank und der Freude mehr Raum als dem Missmut und der Klage. Wenn Sie das tun, nehmen Sie Ihre Kinder unversehens mit hinein in eine dankbare Herzenshaltung.

Kinder spüren, ob wir das Geld, das wir verdient haben, sauertöpfisch und selbstverständlich ausgeben oder ob wir z. B. im Gebet dafür danken und einen Teil davon spenden. Sie erleben mit, ob wir zu Hause nur über den Stress des Arbeitsalltags jammern oder auch mal davon sprechen, warum wir unseren Beruf lieben. Ein einfacher Ausdruck von Dankbarkeit ist das tägliche Tischgebet bei den Mahlzeiten. Wir danken Gott dafür, dass es uns so gut geht, und verlieren die nicht aus dem Blick, die Hilfe benötigen.

Zuhause – ein Ort zum Aufatmen

Ich entdecke gern Neues. Ich liebe Begegnungen mit inspirierenden Menschen. Ich liebe meine Arbeit und Herausforderungen, die mich wachsen lassen. Aber wenn ich am Ende eines erfüllten oder frustrierenden Arbeitstages auf dem Heimweg bin, dann freue ich mich so richtig auf zu Hause. Ich fühle mich in unserer Wohnung wohl und freue mich darauf, meiner Familie zu begegnen.

So soll ein Zuhause sich für Kinder anfühlen: „Kindergarten oder Schule sind schön, da werde ich gefordert und gefördert, da lerne ich Neues und genieße das Zusammensein mit Gleichaltrigen. Dort muss ich auch Anstrengungen bestehen und Konflikte lösen. Aber wenn ich nach Hause komme, dann darf ich einfach sein. Hier bin ich angenommen, hier darf ich aufatmen und entspannen. Meine Eltern haben zwar nicht immer Zeit, aber wenn ich sie wirklich brauche, kann ich auf sie zählen. Wir lachen oft miteinander, wir schätzen und pflegen die schönen Seiten des Lebens und sind dankbar, dass wir zusammengehören. Auseinandersetzungen können diesem Zusammenhalt nichts anhaben. Wir suchen im Konfliktfall gemeinsam nach Lösungen und versöhnen uns wieder. Auch im größten Streit weiß ich felsenfest, dass wir uns trotzdem lieb haben."

14 Nicht nur von dieser Welt ... – Kindern die Tür zum Glauben öffnen

„Gott jiebt" war einer der ersten Zwei-Wort-Sätze unserer Tochter. Als gerade mal 2-Jährige formulierte sie diese Kurzfassung in Kleinkindgrammatik von dem Satz, den sie in der sogenannten „Flohkiste" unserer Gemeinde regelmäßig zu hören bekam: „In der Bibel steht, dass Gott mich liebt."

Wenn Eltern wollen, dass ihre Kinder sich als emotional gesunde Menschen entwickeln, tun sie gut daran, ihnen einen Halt und eine Sinnperspektive zu vermitteln, die größer ist als das, was sie von sich aus geben können. Unser menschliches Dasein, unsere Erklärungsmöglichkeiten und die Geborgenheit, die wir geben können, sind begrenzt. Wo es keine Sinnperspektive über das eigene materielle Leben hinaus gibt, in der auch unsere unbeantworteten Fragen aufgehoben sind, bleibt ein Vakuum, eine Leere.

So schreibt Heiko Ernst, Chefredakteur von „Psychologie heute": *„Die Rede vom Sinndefizit, wenn nicht gar vom Sinnverlust (auch: Verlust der Mitte), gehört zum Standard aller Versuche, die Befindlichkeit des modernen Menschen zu erklären."*[17] Wer diese Mitte vermisst, dem fehlt Halt, wenn menschliche Sicherheiten am Ende sind. Und ihm fehlt ein Sinn im Leben, der auch von leidvollen Erfahrungen nicht zerstört werden kann.

Ich selbst habe diese Mitte meines Lebens im Gott des christlichen Glaubens gefunden, der sich in Jesus Christus gezeigt hat und heute noch erfahrbar ist. In der gelebten Beziehung zu diesem Gott bekomme ich meinen Wert unveräußerlich zugesprochen, erlebe einen krisenfesten Halt, finde einen Maßstab für sinnvolles Handeln ebenso wie die Kraft dazu. Nicht zuletzt empfange ich von Jesus Christus Vergebung von Schuld und die Erfahrung, immer wieder aufatmen und neu anfangen zu dürfen, wenn ich gescheitert bin.

Für eine gesunde emotionale Entwicklung sind das unverzichtbare Bausteine: Ich weiß, dass ich nicht das zufällige Produkt eines Urknalls bin, sondern dass meine Existenz gewollt und bejaht ist. Was ich tue, ist nicht *gleich-gültig,* sondern in meinem Leben steckt ein Auftrag. Ich bin dazu geschaffen, Liebe zu leben und das voranzubringen, was Gottes gute Absichten für diese Welt sind. Wenn ich an diesem Auftrag scheitere und Liebe schuldig bleibe, wird mir vergeben und ich bekomme eine neue Chance. Ich bin nicht auf mich allein gestellt, sondern lebe unter dem Schutz Gottes. Sollte mir etwas zustoßen, das menschlich sinnlos erscheint, ist mein Dasein aus der Ewigkeitsperspektive gesehen dennoch nicht hoffnungslos.

Diese Erfahrung möchte ich meinen Kindern von Herzen gern weitergeben, ihnen zumindest die Tür zu diesem Gott so weit öffnen, dass sie selbst hindurchgehen können. Und ich möchte auch Sie dazu einladen, Ihren Kindern den Weg zum Glauben zu ermöglichen.

Gott hat keine Enkel

Kinder gläubiger Eltern werden nicht automatisch gläubig. Gott hat nur Kinder, keine Enkel. Jeder Mensch muss und darf seinen eigenen Zugang zu Gott finden. Aber als Eltern können wir unsere Kinder an unserem Glaubensleben teilhaben lassen und ihnen so einen Zugang ermöglichen.

Was wir sind, spricht lauter als das, was wir sagen. Diese Wahrheit gilt in besonderer Weise für den Glauben. Alles, was von uns als Eltern überzeugend gelebt wird, hinterlässt Spuren im Leben unserer Kinder. Unsere Tochter hört immer dann besonders aufmerksam zu, wenn wir „Geschichten aus dem wirklichen Leben" erzählen.

Erzählen Sie in Ihrer Familie, was Sie mit Gott erleben. Lassen Sie Ihre Kinder miterleben, dass Sie aus einem freudigen Anlass ein Dankgebet machen und dass Sie Ihre Sorgen zu Gott bringen. Geben Sie Ihren Kindern Einblick in das, was Sie innerlich beschäftigt. Teilen Sie mit ihnen – natürlich altersentsprechend dosiert – die Fragen, die Sie selbst beschäftigen. Verschweigen Sie älteren Kindern auch nicht Ihre Zweifel. Das macht Ihr mitgeteiltes Glaubensleben glaubwürdig.

Gott hat ein Herz für Kinder

Mein Mann und ich versuchen, unseren Kindern, wo immer es möglich ist, in beängstigenden Situationen beizustehen. Manchmal geht das nicht – z. B. als unsere 5-jährige Tochter operiert wurde und wir nicht zu ihr in den Aufwachraum des OP-Bereichs gehen durften. Also erklärte ich ihr: „Solange keiner von uns bei dir sein darf, ist da eine Krankenschwester, die für dich sorgt. Und Jesus passt auch dann auf dich auf, wenn Papa oder ich nicht bei dir sein können. Ich werde in dieser Zeit für dich beten, dafür, dass die Operation gut gelingt und dafür, dass es dir gut geht, wenn du aus der Narkose aufwachst. Und dann freue ich mich, wenn ich dich wieder umarmen darf." Unsere Tochter verkraftete die Operation und auch das Allein-Aufwachen besser, als ich erwartet hatte. Wie viel Anteil daran das Beten hatte, werde ich nie erfahren, aber ich erlebe auch in weniger spektakulären Momenten das Gebet als Anker, der unserem Familienschiff Halt gibt.

Letzten Endes können wir als Eltern nicht dafür garantieren, was aus unseren Kindern einmal wird. Wir können viel Einfluss nehmen, aber das Leben unserer Kinder haben wir nicht im Griff. Der heilige, allmächtige und barmherzige Schöpfergott hat über jedem Menschenleben Gedanken der Zukunft und Hoffnung.[18] Darum ist es wertvoll, wenn wir diesem Gott unsere Kinder im Gebet ans Herz legen.

Eltern können nicht dafür garantieren, was einmal aus ihren Kindern wird.

Gebet lässt sich nicht ausspielen gegen die Verantwortung, selbst sein Bestes zu geben; es ist vielmehr Grundlage und Voraussetzung dafür. Indem ich für mein Kind bete, ist mir auch bewusst, dass ich meine Elternaufgabe von Gott verliehen bekommen und vor ihm zu verantworten habe.

Manchmal ist das Gebet wie ein Notnagel, wenn das Leben mit Kindern mich an einen Punkt der Hilflosigkeit bringt, an dem ich oder auch wir als Eltern gemeinsam nicht weiterwissen.

Aber es ist noch viel mehr. Indem wir als Eltern mit Gott im Gespräch bleiben, bringen wir unsere Kinder in seinen Einflussbereich. Man kann ganz früh damit anfangen. Ich habe schon für unsere Wunschkinder gebetet, als sie noch gar nicht unterwegs waren.

Auch während der Schwangerschaften hat es mir viel bedeutet, unsere Kinder im Gebet zu tragen. Es ist wertvoll, für ein Baby, für ein Kindergartenkind, für einen Schüler angesichts all der Tücken seines Alltags Gott um seinen Segen zu bitten. Besonders in der Pubertät, wenn Kinder sich ablösen und Eltern sich mehr denn je in Zurückhaltung üben müssen, kann Fürbitte eine wertvolle Rückenstärkung sein und etwas, das ich für mein Kind „tun" kann, wenn mir sonst die Hände gebunden sind.

Von Gott erzählen

„Tante Emilie" nannten wir in meiner Kindheit unsere Kindergarten-Erzieherin. Sie war ein echtes Original. Selbst kinderlos geblieben lebte sie für die Kinder anderer Leute. Und sie wollte uns nicht nur zu funktionstüchtigen Mitgliedern der Gesellschaft erziehen, sondern uns mit dem Gott in Berührung bringen, der ihr Leben erfüllt und glücklich machte. Also nahm sie uns mit zur Kinderstunde der evangelischen Kirche. Die biblischen Geschichten, die ich dort als Kindergartensteppke kennenlernte, sind bis heute Teil meines Wissens über Gott und meiner Beziehung zu ihm. Was ich als kleines Kind gehört habe, hat sich eingeprägt und wie ein Schatz in mir angesammelt.

Fangen Sie früh an, Ihren Kindern von Gott zu erzählen. Wenn Sie selbst glauben, dann „füttern" Sie doch von klein auf einladend und spielerisch die Seele Ihrer Kinder mit Worten über Gottes Liebe. Wenn Sie musikalisch sind, könnten Sie Ihrem Säugling schon das Lied vorsingen: *„Ein Volltreffer Gottes bist du! Du bist wertvoll, ja, du! Wunderbar bist du gemacht, mit deinen schönen Augen. Freu dich, dass du sehen kannst, das war Gottes Idee! ..."*[19] Schon Krabbelkinder können Sie mit den ersten biblischen Geschichten vertraut machen. Auch wenn sie längst nicht alles verstandesmäßig aufnehmen können, wirken diese guten Geschichten in ihrem Innern. Mit einem Kindergartenkind könnten Sie regelmäßig den Psalm 23 beten: „Der Herr ist mein Hirte ..."
Auch wenn Sie selbst keine Beziehung zum Glauben haben, diese

Möglichkeit aber Ihren Kindern offenhalten wollen, können Sie Gelegenheiten schaffen, bei denen Ihre Kinder von Gott hören. Vielleicht melden Sie Ihr Kind bewusst in einem konfessionellen Kindergarten an oder lassen es an kirchlichen Angeboten für Kinder oder an Kinder- und Jugendfreizeiten der örtlichen Kirchengemeinde teilnehmen. So kann es Wissen über Gott ansammeln und später einmal selbst entscheiden, ob der Glaube in seinem Leben eine Rolle spielen soll.

Gute Gewohnheiten pflegen

Alles, was nur hin und wieder getan wird, steht schnell in der Gefahr, im Alltagsstress unterzugehen. Darum ist es gut, für Gott feste Räume im Tagesablauf zu schaffen und gute Gewohnheiten zu pflegen. Täglich eine biblische Geschichte nach dem Essen oder vor dem Schlafengehen zu lesen, kann ein solches Ritual sein. Kinder lieben Wiederholungen. Immer wiederkehrende Geschichten werden ihr Unbewusstes prägen und ihr Gottesbild formen.

Suchen Sie eine Kinderbibel zum Vorlesen mit Sorgfalt aus. Und wählen Sie aus dieser Kinderbibel für Kleinkinder zunächst die Geschichten aus, die ihnen vermitteln, dass sie bei Gott geborgen sind und dass Jesus sie lieb hat, z. B. die Schöpfungsgeschichte oder Begegnungen von Jesus mit Menschen, denen er hilft, oder das Gleichnis vom verlorenen Schaf oder das Gleichnis vom verlorenen Sohn. Je älter Kinder werden, desto größer kann die Bandbreite werden.

Biblische Geschichten können Ihrem Kind Geborgenheit vermitteln und Sicherheit geben.

Oder beginnen Sie mit der Tradition, einmal pro Woche eine ausführlichere Familienandacht zu zelebrieren. Für Familien mit Kindern zwischen vier und zehn Jahren hat Timothy Smith ein sehr empfehlenswertes Praxisbuch zu diesem Thema geschrieben.[20]

Ein ganz einfaches Ritual ist ein Tischgebet vor jeder Mahlzeit – ob auswendig oder frei gebetet, ob von einem Gebetswürfel abgelesen oder gesungen.

Auch das Abendgebet beim Zubettgehen kann für Kinder ein Anker in den Stürmen ihres Lebens werden. Machen Sie Ihren Kindern Mut, mit ganz einfachen Worten Gott zu sagen, worüber sie sich freuen, was an diesem Tag nicht gelungen ist und was ihnen leid tut, welche Sorgen sie beschäftigen. Kinder können schon sehr früh lernen, für andere zu beten – z. B. indem sie im Gebet die Namen von Menschen nennen, die ihnen etwas bedeuten, die krank sind, die in einer besonderen Schwierigkeit stecken.

Achten Sie auch auf „fixe Bestandteile" Ihres Gebetslebens. Ein vorformuliertes Gebet, das regelmäßig wiederholt wird, kann Kindern Geborgenheit geben.[21] Es fühlt sich vertraut an. Wir schließen seit Jahren das freie Gebet mit unserer Tochter mit folgenden Zeilen ab:

„Gott, bei dir bin ich geborgen,
habe keine Angst vor morgen,
weil nach jeder dunklen Nacht
ein heller neuer Tag erwacht. Amen."

Manchmal haben wir diese Worte auch nachts gebetet, wenn sie wegen eines Albtraums weinend aufgewacht war.

Segnen – Lebensworte mit Kraft für Ihre Kinder

Segnen bedeutet vom lateinischen Wortursprung her „Gutes sagen". Vom Alten Testament her bedeutet Segnen, durch eine Berührung und durch bedeutsame Worte einem Menschen die Nähe Gottes und seine heilvolle Kraft zusprechen. Christen sind berufen, zu segnen. Das kann besonders in der Familie geschehen. Ehepartner können sich gegenseitig segnen. Eltern können ihre Kinder regelmäßig segnen, indem sie ihnen die Hand auflegen und gute Worte Gottes über ihnen aussprechen. Im Familienalltagsgewühl gelingt eine „Segenskultur" am besten, wenn sie ihren festen Platz hat, z. B. abends vor dem Einschlafen oder morgens, bevor die Kinder aus dem Haus ge-

hen. Suchen Sie nach einem Segensritual, das zu Ihrem Alltag passt –
dann können Sie es auch durchhalten.

Sie können eine kurze oder längere biblische Segensformel ver-
wenden, z. B.: „Christus, der Herr, segne dich und behüte dich!"
oder: „Christus, der Herr, segne dich und bewahre dich! Er wende
sich dir in Liebe zu und zeige dir sein Erbarmen! Er sei dir nah und
gebe dir Frieden!" (vgl. 4. Mose 6,24-26) oder auch Segensworte,
die sich an einem Bibelwort orientieren, z. B.:
„Gott, der Herr, ist dein Hirte. Nichts wird dir
fehlen. Er gibt dir neue Kraft. Er leitet dich auf
sicheren Wegen, weil er der gute Hirte ist" (nach
Psalm 23).

Suchen Sie nach einem Segensritual, das zu Ihrem Alltag passt – dann können Sie es auch durchhalten.

Anfangs kann man dieses Segenswort auf einem Zettel an dem Ort in der Wohnung anbrin-
gen, wo es gebetet wird, z. B. überm Bett oder
neben der Wohnungstür. Es wird nicht lange
dauern, bis Eltern und Kinder es auswendig können. Diese bedeuten-
den und heilvollen Worte, die über Kindern ausgesprochen werden,
werden ihr Leben beeinflussen und prägen.

Glaube mit Alltagsbezug

Es gibt noch viele andere Möglichkeiten, um gelebten Glauben in der
Familie miteinander zu teilen.

Wir können uns z. B. gemeinsam für andere engagieren, die Unterstützung brauchen. Finden Sie heraus, welche Fähigkeiten und
Begabungen Ihr Kind gern für andere einsetzt, dann wird ihm das
Helfen auch Freude machen. Man kann einsame Menschen mal
zu einem Festessen einladen oder sie zu Weihnachten mit selbst ge-
backenen Plätzchen beschenken. Vielleicht würde Ihr Kind gern mit
Ihrer Hilfe einen Kuchenverkauf in der Schule organisieren, um vom
Erlös Erdbebenopfer zu unterstützen. Vielleicht bieten ältere Kinder
in der Nachbarschaft praktische Hilfe an beim Rasenmähen, Ein-
kaufen oder Schneefegen – gegen eine Spende für ein Kinderheim in

Indien. Oder sie nehmen an einem Sponsorenlauf mit ähnlichem Ziel teil. Für Kinder kann es motivierend sein, wenn ein Patenkind in einem anderen Teil der Welt unterstützt wird, das im ähnlichen Alter ist wie sie selbst und zu dem sie Briefkontakt halten können.

Raum für Gott in der Familie zu schaffen kann auch heißen, dass Eltern mit größeren Kindern über ethische Themen diskutieren, z. B. über den Umgang mit Außenseitern in der Schulklasse, über die Verantwortung für die Bewahrung der Schöpfung, über Folgen der Globalisierung für ärmere Länder und die Verantwortung der vergleichsweise Reichen, über Freundschaft und Partnerschaft und verantwortlich gelebte Sexualität usw. Eine Anregung für lebhafte Diskussionen kann ein gemeinsam gelesenes Buch sein.

Man muss nicht alles allein machen – eine Gemeinde als größere Familie

Zum Wesen des christlichen Glaubens gehört immer eine Gemeinschaft über die eigene Familie hinaus. Darum ist die Zugehörigkeit zu einer Gemeinde für Eltern, die ihren Kindern den Weg zum Glauben öffnen wollen, unersetzlich wertvoll.

Warten Sie nicht, bis Sie eine perfekte Gemeinde gefunden haben – sonst warten Sie noch ewig. Entscheiden Sie sich für eine Gemeinde, in der trotz aller Unvollkommenheit Kinder Platz haben und ihrem Alter entsprechend mit Gott in Berührung gebracht werden.

Ein gutes Fundament für den persönlichen Glauben und die Gemeindezugehörigkeit von Kindern ist eine Kindersegnung oder Taufe.

Genauso wichtig ist eine Art von Kindergottesdienst, die Kindern Spaß macht und ihnen Glaubensinhalte altersgemäß vermittelt. Gehen Sie als Eltern ruhig mal mit in die Kindergruppe, interessieren Sie sich für das, was die Kinder dort erleben, und sagen Sie den Mitarbeitern hin und wieder ein Dankeschön. Vielleicht können Sie auch selbst im Kinderbereich oder an einer anderen Stelle in der Gemeinde mitarbeiten.

Aber vergessen Sie nicht: Bei allem Einsatz darf nicht die Freude zu kurz kommen.

Feste feiern

„Freut euch Tag für Tag, dass ihr zum Herrn gehört. Und noch einmal will ich es sagen: Freut euch!" (Philipper 4,4). Fröhliche Feste zu feiern, ist zutiefst christlich. Weil in Gottes Augen jeder Mensch einzigartig wertvoll ist, feiern wir in unserer Familie Geburtstage sehr bewusst. Wenn jemand Geburtstag hat, dann stehen nicht seine Erfolge im Mittelpunkt, sondern die Freude darüber, dass es diesen Menschen gibt. Vermitteln Sie Ihren Kindern – nicht nur, aber auch – am Geburtstag: „Schön, dass es dich gibt! Du bist ein genialer Gedanke Gottes und ein kostbares Geschenk."

Christen kommen am größten Geburtstag aller Zeiten, dem Weihnachtsfest, über das „Süßer die Kassen nie klingeln"-Tohuwabohu hinaus. Sie feiern die Ankunft des Gottessohns auf der Erde und in ihrem persönlichen Leben. Dieser Inhalt von Weihnachten kann nicht zerstört werden von Wirtschaftskrisen oder vorweihnachtlichem Stress. Aber es bedarf einer bewussten Gestaltung der großen Feste, damit ihr Sinn und ihre Botschaft wahrgenommen werden können.

Entscheiden und feiern Sie bewusst. Hinterfragen Sie übernommene Traditionen und schaffen Sie gegebenenfalls neue unter der Perspektive: Was hilft uns, den Inhalt des Christfestes im Blick zu behalten und uns darüber wirklich zu freuen?

- Wenn jemand in der Familie kreativ begabt ist, kann er eine Weihnachtsgeschichte für die anderen schreiben.
- Wer gern Musik macht, kann andere damit erfreuen.
- Schaffen Sie solche Gewohnheiten ab, die unnötig Stress verbreiten und dem Inhalt des Festes entgegenstehen. Wenn z. B. der Küchenstress der Weihnachtsfreude die Luft abschnürt, dann reicht auch ein einfacheres Essen. Die gewonnene Zeit können Sie für einen ausgiebigen Winterspaziergang oder zum gemeinsamen Spielen nützen.

Ostern ist in seiner Bedeutung für den christlichen Glauben noch zentraler als Weihnachten. Passion und Ostern zu feiern fällt aber vielen Familien schwer. Wenn Sie praktische Anregungen suchen, lassen Sie sich inspirieren, z. B. von dem kreativen Praxisbuch „Eine Reise zum Osterfest".[22]

Vielleicht wird in Ihrer Nähe ein Ostergarten angeboten.

Räumen Sie der Freude viel Platz ein in Ihrem Familienleben.

Und wenn nicht, suchen Sie Ideen und legen Sie selbst einen kleinen Passionsweg mit einem „Ostergarten im Schuhkarton" an.

Der Karfreitag verlängert nicht einfach den Osterurlaub, sondern er ist an sich ein wichtiger Feiertag. Ohne sein Sterben hätte Jesus den Tod nicht besiegt. Ohne dass wir unsere Sünde erkennen und vor Gott eingestehen, erleben wir keine Vergebung und Erlösung. Wer die Karwoche still erlebt, kann sich umso mehr vom bunten Osterfest berühren lassen. Wer sich auf die traurigen Seiten des Lebens einlässt, der kann auch am Ostermorgen Auferstehung feiern.

Kinder werden das sicher nicht bis ins Letzte verstehen – wie auch, wenn es nicht mal uns Erwachsenen gelingt? Aber es kann sie tröstend berühren, dass auf eine Leidenszeit der Sieg des Lebens über den Tod folgt. An Weihnachten feiern wir, dass der heilige Gott nicht unnahbar bleibt, sondern uns menschlich ganz nahe kommt. An Ostern feiern wir, dass Leid und Tränen und Schmerz nicht das letzte Wort haben, sondern dass die Auferstehungskraft und das Leben siegen werden. Diese Hoffnungsbotschaften können auch Kinder verstehen und sich dadurch emotional berühren lassen.

Die Freude in der Familie lässt sich vermehren, indem Sie sie teilen. Kinder können z. B. Osternestchen basteln, mit denen dann andere Menschen überrascht werden. Das kann ja auch geheimnisvoll arrangiert werden. Es macht bestimmt Spaß, beim Osterspaziergang an einer Haustür zu klingeln, das Nestchen zurückzulassen und sich selbst schnell zu verstecken.

In der frühen Kirche wurde nach einer von Trauer und Buße geprägten Passionszeit das Osterlachen im Gottesdienst am Ostermorgen zelebriert. Christsein und Freude gehören einfach zusammen. Halten Sie daher Ausschau nach Gelegenheiten, der Freude in Ihrem Leben und im Leben Ihrer Familie Ausdruck zu geben. In einer von Freude geprägten Atmosphäre können Kinder aufblühen und zu frohen Menschen heranwachsen.

15 „Auf de bärdig los!"

Mit noch nicht einmal drei Jahren entdeckte unsere Tochter ihre Vorliebe für Wettrennen. „Auf die Plätze, fertig, los!" – das klang bei ihr damals noch so: „Auf de bärdig los!" Und dann wackelte sie auf ihren Kinderbeinchen los und strahlte übers ganze Gesicht. Dass sie meistens die Langsamste war, machte ihr nicht viel aus. Sie hatte einfach Spaß daran, ihr Bestes zu geben und gemeinsam mit anderen zu rennen.

Sie befinden sich mit Ihrer Familie auf einem einzigartigen Weg. Wichtig ist nicht, dass Sie die Besten oder Schnellsten sind, sondern dass Sie auf dem Weg bleiben. Wichtig ist nicht, dass Sie nie stolpern oder fallen, sondern dass Sie wieder aufstehen und weiterlaufen. Dazu möchte ich Ihnen mit meinen Schlussgedanken Mut machen.

Der ganz normale Familienwahnsinn

Sind Ihre Kinder zappelig und lebhaft? Oder so schüchtern, dass sie sich in Gruppen nie durchsetzen können? Fehlen Ihrem Einzelkind die Geschwister als Spielkameraden? Oder haben Sie als Eltern von mehreren Kindern zu wenig Zeit für jedes einzelne?

So wie jeder Mensch seine wunden Punkte und unzureichend gestillten Bedürfnisse mitbringt, so hat jede Familie ihre eigenen Schmerzpunkte und besonderen Herausforderungen. Die eine Familie leidet unter der Arbeitslosigkeit eines Elternteils, die andere darunter, dass der Vater so viele Überstunden machen muss. Die einen leiden unter den Konflikten mit der Großeltern-Generation, den anderen fehlen Oma und Opa, weil sie weit weg wohnen. Die einen haben mit der Situation zu kämpfen, dass nur (noch) ein Elternteil für die Kinder da ist. Andere müssen sich als sogenannte Patchworkfamilie mit allen Spuren ihrer schmerzhaften Erfahrungen zusammenraufen. Die eine Familie hat jemanden durch den Tod verloren, andere haben mit schweren gesundheitlichen Problemen zu kämpfen. Vielleicht müssen Sie auch gerade aushalten, dass sich ein momentanes Problem nicht lösen lässt.

Wenn solche Spannungen und Belastungen uns bedrücken, haben wir manchmal das Gefühl: „Den anderen scheint es immer besser zu gehen." Täuschen Sie sich nicht. Auf der anderen Seite des Zauns scheint das Gras immer grüner – aber nur so lange, bis wir dort angekommen sind. Vermutlich haben gerade die Familien, die Sie beneiden, Lasten und Schwierigkeiten zu tragen, von denen Sie nichts ahnen.

„Habe dein Schicksal lieb, denn es ist der Weg Gottes mit deiner Seele." (F. M. Dostojewski)

„Habe dein Schicksal lieb, denn es ist der Weg Gottes mit deiner Seele."[23] Mit diesem Satz des Dichters Fjodor Michailowitsch Dostojewski möchte ich Sie einladen: Entscheiden Sie sich dafür, Ihr individuelles Familienschicksal zu lieben. Gott möchte in dieser Situation, in der Sie stecken, mit Ihnen einen inneren Weg gehen, auf dem Sie reifen und zur Erfüllung finden. Der erste Schritt auf diesem Weg ist: Nehmen Sie das an, was Sie in Ihrer Familie als besondere Not oder Belastung empfinden. Reiben Sie sich nicht wund an dem, was Sie nicht ändern können, sondern versöhnen Sie sich damit: Das ist Ihre Familie und das ist gut so.

Die gute Nachricht: Eltern müssen nicht perfekt sein

Es gibt kaum etwas Entmutigenderes, als mit Menschen zusammenzuleben, die scheinbar immer alles richtig machen. Darum gilt: Eltern müssen nicht perfekt sein, damit ihre Kinder sich gesund entwickeln, im Gegenteil: „Perfekte Eltern sind ein Schicksalsschlag" (Bernd Schmid).

Jeder Mensch hat Grenzen: Grenzen der Fähigkeiten, der Geduld, der Belastbarkeit. Ich darf zu meinen Grenzen stehen. Sie dürfen zu Ihren Grenzen stehen. Durch Grenzen wächst Beziehung, denn sie zeigen uns auf, dass wir ergänzungsbedürftig sind. Sie schätzen andere, die etwas können, das Ihnen abgeht, und Sie dienen anderen, denen das fehlt, was Sie haben oder gut können.

Wer sich seine Grenzen eingesteht, kann ganz praktisch Entlastung organisieren. Befreundete Familien können sich Freiräume schaffen, indem sie sich gegenseitig die Kinder abnehmen. Sie als Ehepartner können sich gegenseitig ein kinderfreies Wochenende gönnen. Warum nicht, sobald die Kinder mit gutem Gewissen bei Oma oder Freunden untergebracht werden können, mal als Paar zu zweit ein Wellnesswochenende verbringen?

Wer zu seinen Grenzen steht, kann nach Ermutigung suchen. Eltern, die an der Entwicklung ihrer Kinder oder an ihrer Familiensituation leiden, brauchen alles andere als ausgesprochene oder unausgesprochene Vorwürfe. Bauen Sie deshalb bewusst Freundschaften zu solchen Menschen, bei denen Sie sich angenommen fühlen, auch wenn Ihre Kinder sich mal nicht wunschgemäß entwickeln oder verhalten. Pflegen Sie bewusst solche Beziehungen, in denen Sie ehrlich sein können, ohne sich entblößt zu fühlen. Unterstützen und ermutigen Sie sich in solchen Freundschaften gegenseitig – gerade in Durststrecken.

Von Kurskorrekturen und Kehrtwendungen

Erziehung ist Beziehung – das beinhaltet, dass Theorie sich nie reibungslos in die Praxis umsetzen lässt. Auch die liebevollsten Eltern versagen gelegentlich. In diesem Fall ist es gut, innezuhalten und sich die Wahrheit einzugestehen, z. B. das Eingeständnis: „Ich habe meine Kinder als Entlastungsventil für meine eigene Frustration missbraucht."

Die erste gute Nachricht zu diesem Thema ist: Jedem Vater und jeder Mutter bietet Gott seine Gnade und Vergebung an. Die Familie, in der Eltern keine Fehler machen und ihren Kindern nichts schuldig bleiben, gibt es nicht. Auch wenn Sie eine Menge aus den Fehlern der Generation vor Ihnen gelernt haben und vieles besser machen, wird es immer etwas geben, für das Sie Ihre Kinder später einmal um Verzeihung bitten müssen.

Da ist es gar nicht schlecht, heute schon damit anzufangen: Stehen Sie zu Ihren Fehlern und lernen Sie es, sich bei Ihrem Kind zu entschuldigen, wenn Sie Grund dazu haben. Das wird Ihre Autorität nicht untergraben, sondern das Vertrauen der Kinder in Ihre Wahrhaftigkeit stärken.

Die zweite gute Nachricht für schmerzhafte Momente der Selbsterkenntnis ist: Sie können Ihren Kurs korrigieren und wenn Sie in die völlig falsche Richtung unterwegs sind, auch eine Kehrtwendung vollziehen.

Trauen Sie Ihrem Kind Veränderungen zu und nehmen Sie auch kleine Schritte in die richtige Richtung wahr. Es ist erstaunlich, wie schnell sich das Verhalten von Kindern ändert, wenn Eltern sich konsequent anders verhalten.

> *Auch die liebevollsten Eltern versagen manchmal. Die gute Nachricht: Das ist keine Katastrophe!*

Wo stehen Sie und wohin gehen Sie?

Ich lade Sie ein, eine Selbsteinschätzung vorzunehmen. Vielleicht hilft es Ihnen, wenn Sie dieses Buch noch einmal durchblättern und sich fragen: Was hat mich berührt? Was hat mich herausgefordert? Was hat mich erstaunt? Was hat mich geärgert? Was habe ich über mich und unsere Familie neu erkannt? Und dann formulieren Sie für sich:
– Worin bin ich gut? Was läuft richtig toll in unserer Familie?

Feiern Sie das, was Sie erkannt haben, worüber Sie sich freuen! Zum Beispiel bei einem schönen Abendessen mit Ihrem Partner. Dabei können Sie einander gegenseitig sagen, wo Sie die Stärken des anderen sehen. Richten Sie Ihren Blick bei dieser Gelegenheit bewusst auf das Positive, denn das nehmen wir im Alltag meist zu wenig wahr.

Gestärkt durch diese Ermutigung können Sie auch den Blick in die andere Richtung wagen. Formulieren Sie für sich:
– Wo liegen meine Schwächen und Defizite? Was lief in der Vergangenheit noch nicht gut?

Falls noch nicht geschehen, bereinigen Sie die Vergangenheit. Sagen Sie es Ihrem Partner und altersgemäß auch Ihren Kindern, wo Sie Ihre Schwächen sehen. Man kann auch einem 4-Jährigen schon erklären: „Es tut mir leid, dass ich vorhin beim Mittagessen so laut geworden bin. Es ist zwar richtig, dass du dich bei Tisch benehmen sollst. Aber es war falsch von mir, dass ich dich angeschrien habe."

Und dann unternehmen Sie Schritte, um eine Kurskorrektur einzuleiten:

– Besprechen Sie den Punkt, um den es geht, mit Ihrem Partner, suchen Sie nach Lösungsmöglichkeiten und bitten Sie um Unterstützung in Situationen, in denen Sie gerade an diese Grenze geraten.

Wenn Sie eine Beziehung zu Gott haben, dann können Sie ihm im Gebet Ihre Sorgen und Probleme anvertrauen und ihn um gute Lösungsideen und die Kraft, sie umzusetzen, bitten.

• Reden Sie mit einer guten Freundin / einem guten Freund darüber. (Vielleicht ist das für die Männer unter meinen Lesern ein guter Anlass, eine Männerfreundschaft aufzubauen, in der Sie auch mal über Ihre schwachen Seiten reden können?) Bestimmt können Sie von Lösungsideen und Erfahrungen gegenseitig profitieren.

• Packen Sie nicht alles auf einmal an, sondern nehmen Sie sich einen Punkt vor, an dem Sie mit der Veränderung ansetzen wollen, z.B. das Thema, bei dem Sie sich am ehesten Erfolg versprechen, oder das Problem, unter dem Sie zurzeit am meisten leiden. Lassen Sie andere Probleme bewusst beiseite.

• Bilden Sie sich als Eltern weiter – durch Bücher, gute Zeitschriften und auch mal durch einen Elternkurs.[24]

Manchmal braucht es ein professionelles Gegenüber, einen erfahrenen Seelsorger oder Therapeuten, wenn es um eigene Seelennöte geht, einen Erziehungsberater, wenn sich die Probleme stark im Erziehungsalltag manifestieren. Scheuen Sie sich nicht, professionelle Beratung in Anspruch zu nehmen. Es ist ein Zeichen von

Mut und Stärke, wenn Sie das tun, und es kann Ihnen eine ganz neue Tür der Problembewältigung auftun.

Wegzehrung fürs Herz

Es war an einem Donnerstagabend. Meinem Mann steckte eine Grippe in den Knochen, die aber nicht so richtig zum Ausbruch kam. Dessen ungeachtet stand am folgenden Tag eine Gemeindefreizeit an, für die er alle Kraft benötigte. Weil ich einen Gemeindetermin hatte, machte er sich daran, unsere Tochter ins Bett zu bringen und sie vorher noch zu baden. Geplagt von Kopfweh und Niedergeschlagenheit bückte er sich, um die Schnürsenkel ihrer Hausschuhe zu lösen. Da legten sich ihm zwei kleine Hände auf den Kopf und unsere Tochter sagte: „Ich segne dich von Gott und Jesus und den Heiligen Geister. Du bist ein neuer Mensch!" Dann strahlte sie wie ein Honigkuchenpferd. Es war ein heiliger Augenblick.

Die 3-Jährige hatte menschlich betrachtet umgesetzt, was sie in ihrer Lieblingsbibelgeschichte von der Taufe des Kämmerers aus Äthiopien viele Male gehört hatte. Aber in diesem Moment waren das nicht nur kindlich-spielerische Worte, sondern eine Berührung des lebendigen Gottes, der durch ein kleines Mädchen seinen Segen und seine Kraft zusprach. Das Unwohlsein war danach nicht weggeblasen, aber die Gemeindefreizeit wurde zu einer sehr bewegenden und wertvollen Zeit, in der wir Gottes Wirken erlebten.

- Wann wurden Sie das letzte Mal durch etwas, das Ihr Kind getan oder gesagt hat, tief im Herzen berührt?
- Hat Ihre Tochter etwas Liebevolles für Sie gebastelt?
- Hat Ihr Sohn Sie glücklich angestrahlt, weil Sie Zeit mit ihm verbracht haben?
- War es ein vertrauensvolles Gespräch an der Bettkante oder am Lagerfeuer?
- War es der mühevoll gedeckte Tisch, ein fantasievolles Geschenk?

Diese berührenden Momente sind Gottes Geschenke an Sie als Eltern. Ich wünsche Ihnen, dass Sie diese Geschenke bewusst wahrnehmen und in Ihrem Herzen lebendig halten. Dann können sie zu einer Wegzehrung werden für den Abenteuerpfad Erziehung, auf dem Sie als Familie miteinander unterwegs sind.

Anmerkungen

1 Kimmel, Tim, Grace-Based Parenting, zit. n. Smith, Timothy, *Brave Kinder verändern nichts,* Asslar: Gerth Medien 2007, S. 196.

2 Ich beziehe mich damit auf erzieherische Grundlagen, die 1826 von Friedrich Schleiermacher benannt und von Prof. Andreas Flitner und Prof. Walter Lotz weiterentwickelt und auf unsere heutige Zeit angewendet wurden. Vgl. Flitner, Andreas, *Konrad, sprach die Frau Mama ... Über Erziehung und Nicht-Erziehung,* Weinheim und Basel: Beltz 2004, S. 79ff.
    Vgl. Lotz, Walter, *Sozialpädagogisches Handeln. Eine Grundlegung sozialer Beziehungsarbeit mit themenzentrierter Interaktion,* Mainz: Grünewald 2003, S. 20ff.

3 Juul, Jesper, *Die kompetente Familie,* 4. Auflage, München: Kösel 2008, S. 115.

4 CD Müllerbauer, Mike, *Absoluto guto!,* Haiterbach-Beihingen: Cap-music 2008, www.muellerbauer.de.

5 Naegeli, Sabine, *Die Nacht ist voller Sterne,* Freiburg im Breisgau: Herder 1987, S. 118.

6 Bergmann, Wolfgang, *Gute Autorität. Grundsätze einer zeitgemäßen Erziehung,* 3. Auflage, Weinheim und Basel: Beltz 2006, S. 127.

7 Vgl. Pfeifer, Annemarie, *Bring dein Leben zum Klingen,* Basel: Brunnen 2008, S. 61ff.

8 Bergmann, Wolfgang, *Gute Autorität. Grundsätze einer zeitgemäßen Erziehung,* 3. Auflage, Weinheim und Basel: Beltz 2006, S. 126.

9 zit. n. Berf, Paul und Surmatz, Astrid (Hg.), *Astrid Lindgren. Zum Donnerdrummel! Ein Werkporträt,* 2. Auflage, Hamburg: Rogner & Bernhard 2001, S. 448.

10 Einige Bemerkungen zum Umgang mit Partnerschaftskrisen: Es ist nicht hilfreich, Meinungsverschiedenheiten über Erziehungsfragen vor den Kindern zu diskutieren. Klären Sie das zu zweit, einigen

Sie sich auf eine gemeinsame Linie und vermitteln Sie den Kindern: „Papa und Mama sind in Erziehungsfragen einer Meinung." Kleinere Unstimmigkeiten, die Sie als Partner miteinander haben, können Sie auch vor den Kindern aussprechen. So erleben sie mit, wie Sie einen Streit austragen, ein Missverständnis klären und sich danach wieder versöhnen.

Wenn es um größere Auseinandersetzungen geht, ist es in der Gegenwart der Kinder hilfreicher, zu sagen: „Lass uns das später klären!" Dann ist es wichtig, sich auch wirklich zeitnah um eine Gelegenheit zu bemühen, damit es zu einer Aussprache kommt und ein Konflikt nicht unbearbeitet im Untergrund rumort. Wenn Sie als Eltern mal miteinander laut geworden sind und die Kinder nachher fragen: „Warum hast du geweint?" – „Warum hat Papa geschrien?", dann tun Sie nicht so, als wäre nichts gewesen. Sondern geben Sie ehrlich zu: „Papa und ich haben uns gestritten." Wenn es stimmt, können Sie hinzufügen: „Aber wir sind uns jetzt wieder gut!" Oder: „Aber wir haben uns trotzdem lieb!"

Wenn Ihre Partnerschaft akut in Gefahr ist, sollten Sie Kinder nicht damit überfordern, dass Sie Einzelheiten vor ihnen ausbreiten. Dafür braucht es erwachsene Gesprächspartner. Aber Sie sollten Ihren Kindern nicht verschweigen, dass es Schwierigkeiten gibt. Andernfalls wird das Vertrauen der Kinder erschüttert, wenn sie spüren, dass Sie ihnen nicht die Wahrheit sagen. Sie können Ihren Kindern nur das sagen, was sie ihrem Alter entsprechend verstehen und verkraften können, aber alles, was Sie ihnen sagen, muss der Wahrheit entsprechen.

[11] Bergmann, Wolfgang, *Die Kunst der Elternliebe*, 2. Auflage, Weinheim und Basel: Beltz 2005, S. 173.

[12] Der Kinderpsychologe Wolfgang Bergmann hat dazu ein empfehlenswertes Buch geschrieben mit dem Titel: *Gute Autorität*. Weinheim und Basel: Beltz 2006.

[13] Bergmann, Wolfgang, *Die Kunst der Elternliebe*, 2. Auflage, Weinheim und Basel: Beltz 2005, S. 223f.

[14] Juul, Jesper, *Die kompetente Familie*, 4. Auflage, München: Kösel 2008, S. 124.

[15] Bergmann, Wolfgang, *Die Kunst der Elternliebe*, 2. Auflage, Weinheim und Basel: Beltz 2005, S. 70.

[16] Schaible, Ulla, *Dankbar lebt sich's leichter*, Gießen: Brunnen 2003. S. 18.

[17] Ernst, Heiko, *Wie uns der Teufel reitet. Von der Aktualität der 7 Todsünden*, Berlin: Ullstein 2006, S. 196.

[18] Vgl. Jeremia 29,11.

[19] Text und Melodie: Daniel Kallauch 1992; Gundlach, Anja und Martin u. a.: *Das family-Liederbuch*, Holzgerlingen: Hänssler, Lied Nr. 12

[20] Smith, Timothy, *Familienzeit. 52 kreative Familienandachten*, 2. Auflage, Asslar: Gerth Medien 2009.

[21] Bücher und Materialien für Kindergebete finden Sie in jeder christlichen Buchhandlung oder im Internet. Ein gutes vertiefendes Buch zum Thema Glaubensvermittlung mit ausführlichen Materialhinweisen ist: Stefanie Böhmann/Ina Kriege-Egert, *Mama, wo wohnen die Engel? Mit Kindern die Welt des Glaubens entdecken.* Gießen: Brunnen 2010.

[22] Anlauf-Haase, Tina und Böhmann, Stefanie, *Eine Reise zum Osterfest – für Familie und Kindergarten*, Gießen: Brunnen 2008.

[23] Zit. n. Geister, Cornelia, *Schenk dir ein Lächeln*, 2. Auflage, Gießen: Brunnen 2001, S. 68.

[24] Informationen über verschiedene Elternkurse finden Sie im Internet unter dem Stichwort „Elternkurse".

Unter www.sichere-gemeinde.de können Sie die Broschüre „Elternkurse – Auf dem Weg zur starken Familie" kostenlos herunterladen, in der verschiedene Elternkurse dargestellt und kommentiert werden. Informieren Sie sich auch unter:

www.pep4kids.de;
www.instep-online.ch;
www.starkeeltern-starkekinder.de;
www.triplep.de.

Rob Parsons

Der kleine Familienratgeber

Sie müssen nicht viel wissen,
nur das Richtige

144 Seiten, Taschenbuch
ISBN 978-3-7655-4111-7

Die Bedeutung der Familie kann kaum überschätzt werden. Sie kann
Kraftquelle, Ort der Ermutigung und des Feierns sein. Sie ist der Ort,
der Kindern Wurzeln und später Flügel verleiht, wie schon Goethe
wusste. Aber – manchmal fühlt es sich ganz anders an! Der erfahrene Familienberater Rob Parsons erklärt in zehn Lebensweisheiten
anschaulich und zielsicher, wo die Ursachen für Schwierigkeiten in
Familienbeziehungen liegen. Seine Lösungsvorschläge sind lebens-
nah und realistisch – und dabei leicht umzusetzen. Probieren Sie
es aus – und entdecken Sie: Familie macht Spaß – wenn man weiß,
wie's geht!

Themen u.a.
• Zeit finden für die Familie • Sich Zeit nehmen zum Gespräch
• Die Kraft der Ermutigung entdecken • Entscheiden, wie ich erzie-
hen will • So sehr lieben, dass man loslassen kann • Konflikte gut
bewältigen • Den Werten von Traditionen erfahren • Den Schatz der
Verwandtschaft entdecken • Den Augenblick nutzen

BRUNNEN VERLAG GIESSEN
www.brunnen-verlag.de